*k.*

Christian Ulmen

# FÜR UWE

KINDLER

1. Auflage Juli 2009

Copyright © 2009 by Rowohlt Verlag GmbH,

Reinbek bei Hamburg

Alle deutschen Rechte vorbehalten

Lektorat Regina Carstensen

Satz DTL Documenta PostScript (InDesign) bei

Pinkuin Satz und Datentechnik, Berlin

Druck und Bindung CPI – Clausen & Bosse, Leck

Printed in Germany

ISBN 978 3 463 40563 6

Prolog  7

1  Dumm wie DDR-Brot  9

2  Struwwelpeter  18

3  «Schreiben Sie's auf,
   ich beschäftige mich später damit»  25

4  Ameisenbrei  34

5  «Hier spricht das
   Leichenvernichtungszentrum»  43

6  Lazarusmädchen  51

7  Goilstes Nuttenwerk  58

8  Lippe dazwischen!  74

9  Grünspan und Schimmelpilze  81

10  Menschenskind!  93

11  Überkochte Koreanersynapsen  104

12  Powerpot  112

13  Vom Heiratsmuffel zum Heiratsknuddel  119

14  Human Systems  128

15  Emergency-Flip  138

16  Who Wants To Fuck My Girlfriend  144

17  Gollum  154

18  Pretty Woman, Breitmaulfrosch  160

19  Bruce Willis  172

20  XXL-Rokoko-Kerzen und Fingerfood  180

21  Securitate  191

22  Rote Lichter  197

   Epilog  215


   Bonusmaterial  216

   Dank  219

## Prolog

Mein Name ist Uwe Wöllner.

Auf den folgenden Seiten werde ich meine Lebensgeschichte erzählen.

*Krasses Affenwerk, Menschenskind.*

**1**

## Dumm wie DDR-Brot

Tante Marion faselte auf unseren Anrufbeantworter. Und ich verstand kein Wort. Sie flennte und fing jeden Satz dreimal von vorne an. Als ich mir aus ihren rotztriefenden Sprachfetzen die Nachricht zusammenreimte, dass ich Papa auf dem Handy anrufen sollte, bekam ich wieder diesen Höllendruck am Hals. Darauf hatte ich jetzt gar keinen Bock. Es war immer dasselbe. Die Luft wurde knapp, man atmete tiefer, und je tiefer man atmete, desto weniger Luft bekam man. Ich griff meine Hosentaschen ab. Zwei Ohrenstöpsel, Magic-Spielkarten, ein Salbeibonbon. Sonst nichts. Dann die Hemdtaschen. Ein Laserpointer, ein Happy Hippo, eine Pinzette. Es war, als hätte man mir von hinten eine Kordel um den Hals gelegt und zöge sie nun langsam, aber sicher zu. Es blieb nicht mehr viel Zeit. Panisch langte ich in meine Gürteltasche von Eastpack. Endlich. Ich hielt mir das Teil vor die Fresse und sprühte das Sympathomimetikum. Viel war davon nicht mehr im Inhalator. Aber die Schlinge löste sich.

Ich rief Papa an. Er klang seltsam. Ich solle Ruhe bewahren. Sie seien auf dem Weg. Gleich wären alle zu Hause. Alle außer

Mama. Mama war tot. Eine Hockeykugel hatte ihr am Nachmittag den Schädel zertrümmert.

Unverzüglich machte sich die Last am Hals wieder breit. Ich nahm erneut einen Zug Asthmaspray. Es wummerte im Kopf und in den Beinen. Ich weiß nicht mehr, wie lange ich durch unser Haus lief, durch den Keller, über die Treppen, wie oft ich hinfiel, wie viele Male ich nachsah hinter Seidenvorhängen, unter Terrakottatöpfen, ohne etwas zu finden, ohne überhaupt zu wissen, wonach ich suchte. Ich warf Haloperidol ein, Aspirin, Renni.

Das Haus blieb ruhig. Ich hörte die Heizung rauschen.

Mama hatte zeitlebens nie einen auf krank gemacht. Sie war kerngesund, stark, total fit. Fast wie Lara Croft. Sie sprang herum, spielte andauernd Tennis oder Hockey. Sie machte mir dreimal im Monat Milchreis mit Kirschen. Mama schaute mir sogar zu, wenn ich «Ages Of Empires» spielte, und lobte mich, wenn ich bei «Mortal Kombat» in nur zwei Wochen 218 Missionen freigespielt hatte. Andere Mütter texteten ihre Söhne voll, wie scheiße Computerspiele seien, so wie Papa das auch dauernd tat. Mama nie. Zudem war sie überdurchschnittlich schön. Auf einer Skala von eins bis neun, wenn Sarah Connor neun war und eins hässlich wie die Nacht, dann war Mama eine Sieben.

Ich kniete auf dem Parkett im Wohnzimmer, fraß acht Fruchtzwerge hintereinander weg und bildete mir einen Augenblick lang ein, ich hätte mir das alles nur ausgedacht, um mich selbst zu schocken. Ein abgefahrenes Spiel. Hatte ich schon öfter gemacht. Einmal legte ich mir ein Nest mit Spinneneiern unter die Matratze und lenkte mich tagelang mit Anti-Spinnen-Action wie Yoga davon ab. Das funktionopelte. Als Tage später achtzig Spinnen nachts über mein Kissen, meine Haare und Oberschenkel zuckelten, war ich fies überrascht und wusste, ich hatte mich mal wieder selbst reingelegt. Aber die Nummer mit Mama wäre ein zu mieser Streich gewesen. Sogar mir selbst gegenüber.

Ich stellte mir vor, wie Mama in ihrem hellrosa Hockeytrikot und dem weißen Röckchen, mit dem blauen Stoffhaarband um ihren blonden Pferdeschwanz in einen dunklen Plastiksack gehoben wurde und irgendjemand den Reißverschluss über ihrer Nase zuzog. Wenn die Hockeykugel sie frontal im Gesicht getroffen hatte, war ihr Nasenrücken wahrscheinlich in zwei klaffende Giebel aufgeplatzt und bildete nun in der Mitte einen zweiten Schlund. Vielleicht war die Nase aber auch einfach immens verbogen – ragte aus ihrem Gesicht wie ein Wegweiser aus Knorpel. Oder aber es hatte ihren Mund erwischt. Alle Zähne. Eine leer gekegelte rote Grotte. Strike. Konnte auch sein, dass ihre Stirn zu einer tiefen Kuhle bis ins Innere ihres präfrontalen Kortex gestülpt war. Oder es war nur ein Streifschuss der Schläfe. Dann sähe man vermutlich nicht so viel. Ein grünliches Hämatom vorm Ohr. Wenn der Aufprall am Hinterkopf passierte, wäre sogar eine Trauerfeier am offenen Sarg drin. Es sei denn, es gab eine kraterartige Austrittswunde. Bei Kennedy blieb der Deckel am Ende zu.

Bis heute weiß ich nicht, wie sich das mit Mama und der Hockeykugel genau zutrug. Papa erzählte mir nie etwas über Details. Von Gerd, meinem jüngeren Bruder, weiß ich, dass es bei einem Hockeyturnier von Niedersachsens Seniorinnen passierte und dass die Alte, die Mama das Geschoss aus Versehen an den Kopf gedongt hatte, eine Spielerin vom Hannoverschen

Tennis- und Hockeyclub und die Mutter einer Schulfreundin von Gerd war.

Die Beerdigung fand auf jeden Fall mit geschlossenem Sarg statt. Eine Woche später. Exakt an meinem einunddreißigsten Geburtstag. Ich hatte Mama nie mehr gesehen.

Meine Familie war Mitglied im Tennis- und Hockeyclub Garbsen. Auch ich musste da früher Tennis spielen. Papa war wichtig, dass ich Sport zur Leibesertüchtigung ausübte. Einmal spielte ich bei einem Tennisturnier gegen einen Jungen, der nicht räumlich gucken konnte und eine künstliche Luftröhre hatte. Er gewann. Seine ganze Familie lungerte am Rand des Tennisplatzes rum und feuerte ihn an wie so eine Horde versoffener Camper in karierten Golfer-Hosen. Meine Familie hatte so was nie gemacht. Ich malte abends die Hockeyspielerinnen aus unserem Verein mit Kuli auf meinen Bauch. Die waren immer die sexiesten. Kurze Röcke und weiße Kniestrümpfe. Ich malte sie aber nackt. Die Hockeyspieler-Typen hasste ich hingegen. In meiner Klasse waren früher fast nur Hockeyspieler. Alle aus dem THC Garbsen. Alle dumm wie DDR-Brot. Ich versuchte es mit vierzehn ein paar Mal, in deren Hockeymannschaften zu kommen. Wurde aber nie aufgenommen. Die hatten halt immer so Lacoste an und hörten Modern Talking, und ich stand auf die Scorpions und hatte damals schon mehr so coole Hemden von Holzfällern an und meine Bugs-Bunny-Mütze, die tausendmal goiler war als jedes Arschloch-Krokodil auf den Polo-Hemden von den Hockey-Seppeln. Ich war einfach zu abgedreht drauf für die.

Zum Vorgespräch beim Bestatter wollten Papa und Gerd lieber alleine. Ich hatte sie bekniet mitzudürfen. Ich fand, das war ich

Mama schuldig. Es war das Mindeste. Sie hatte mein Leben lang alles mit mir ausgewählt. Ich hatte an den Wühltischen oft Stunden verbracht, weil ich mich nicht entscheiden konnte. Mama meinte dann so: «Na, nun nehmen wir die hellblauen Socken und gut is.» Jetzt war es an mir, die Farbe ihres Sarges mit auszusuchen.

Gerd und Papa riefen lauter nach mir. Sie wollten sofort los. Wenn ich unbedingt mitfahren wollte, sollte ich mich endlich in Bewegung setzen. Ich war gerade dabei, ein Bild für Mamas Beerdigung zu Ende zu malen. Das Werk sollte neben Mamas Sarg stehen.

Aber Gerd und Papa drängelten in ihrer typischen Art weiter, und ich wurde nicht rechtzeitig fertig.

Es gab nur einen einzigen Bestatter bei uns in Garbsen. Mit lila Beleuchtung im Schaufenster, die wie Anti-Mückenlicht aussah und zum Gebet gefaltete Hände aus Bronze beschien. Als Kind fand ich diese Riesenpranken immer saugruselig. Ich wäre lieber fünfzig Kilometer nach Hannover zu einem richtig edel-goilen Beerdigungsinstitut gefahren, aber Papa kannte den Garbsener Bestatter seit der Schulzeit. Im Aufenthaltsraum des Beerdigungsunternehmens stand fast die gleiche Plastikkokosstaude wie im Schulleiterbüro des Gymnasiums, in dem ich dreizehn Jahre zuvor Abi gemacht hatte. Sie war ungefähr kniehoch, blassgrün und sah einer echten Kokospalme zum Verwechseln ähnlich. In allen Abi-Heften zwischen 1976 und 1991 war der Direktor in Anzug und Fliege zu sehen, und am unteren Bildrand stand seine Kunstkokosstaude. Sie hielt sehr lange. Bis zu dem Tag, als sie entwendet wurde. Nachts brach jemand in sein Büro ein, nahm die Palme mit und pisste in den Plastikblumentopf. Die

Harnsäure sickerte über Kunststoffsteinchen, zerfraß die Steckschaummasse, rann zu den Lochstellen am Boden und quoll zum Teil an den Seiten heraus. Die meiste Pisse blieb drin. In der Nacht darauf wurde die eingenässte Staude wieder ins Büro gestellt.

Man hatte mich dazu gezwungen. Ich war auserwählt worden, in der großen Pause auf die Kunstpflanze zu urinieren. Natürlich hatte ich abgelehnt. So eine Staude kostete 50 bis 160 Euro. Wenn das rauskäme, müsste ich für eine neue löhnen, achthundertmal die Hausordnung abschreiben, ins Internat nach Kellinghusen oder so 'n Nervkram. Ganz abgesehen davon, dass ich auf Kommando nicht pinkeln konnte. Wer kann das schon? Männer, die einen multiplen Orgasmus erleben, die können so was vielleicht. Oder Legenden des erotischen Films wie Rocco Siffredi, Peter North oder der Mann mit dem schwarzen Riesenkobraschwanz. Nicht ich. Ich war im Sex ganz normal.

Am Fahrradständer hinter der Turnhalle hatten sie die Staude nach ihrem nächtlichen Einbruch versteckt, da führten sie mich hin. Sie stellten sich alle um mich herum, sodass ich nicht weglaufen konnte. Empörung drang zu mir vor, als ich mitteilte, dass ich kein Interesse hätte, in die Blume zu machen, und sie nannten mich «Toastbrot».

«Mit dir kann man gar keinen Spaß haben», sagte ein Mädchen, in das ich gerade verliebt war. Jessica. Sie war ein Hockeymädchen mit supercoolen Schenkeln. Jessica trug Sommersprossen im Gesicht und auf den Schultern, sie war weizenblond und ganz zart, ihre Haut lag eng auf den Knochen wie bei einer Zofe oder Kate Moss. Ich hatte damals meine Skinny-Anorexic-Models-Phase. Später stand ich auf richtige Frauen, aber damals mochte ich abgemagerte. Sie sah mich enttäuscht an, wie ich vor der

Staude stand und mich weigerte. Ich hätte mir nie, nie vergeben können, Jessica zu verdrießen. Sie war die Beste in Sport, sie hatte eine Stimme wie von einem Computerprogramm gemacht, total hoch und sanft, und ganz sicher hatte sie die Schamhaare auf ihrer Vagina symmetrisch rasiert.

Mir wurde ätzend flau, ich hörte: «Uwe, Uwe, tu's, Uwe, Uwe, tu's.» Wie bei Russell Crowe als Gladiator. Um mich herum eine Traube von Jungs und Mädchen und mittendrin Jessica, die näher zu mir kam; sie roch nach The Body Shop. «Tu es, Uwe», flüsterte sie in mein Ohr, «piss.» Dann pisste ich. Länger, als ich je in meinem Leben zu pissen vermochte. Einen Ultrastrahl. Erst lachten nur die Jungs in der ersten Reihe. Dann kicherten ein paar Mädchen. Dann immer mehr, die ganze Traube, auf einmal der ganze angrenzende Schulhof. Es war, als lachte der gesamte Bezirk, die Stadt, ganz Norddeutschland, die westliche Welt, gar von der anderen Seite der Weltkugel kam das Lachen bis an meine Ohren, kroch hinein, durchdrang meinen Körper, brachte vibrierend all das seit Jahren aufgestaute Wasser in meinem Innern zusammen, führte es hinunter in meinen Dickdarm, in meine Blase und anschließend hinaus in die Freiheit, ans Licht, auf die Kokospalme aus Plastik, die zu zittern begann unter meinem Afterburner, diesem wuchtigen Strahl. Und zum Schluss, als ich meinen Penis abgeschüttelt hatte und zu ihr hochguckte, lachte auch Jessica.

Dreieinhalb Wochen lang soll sich der Schulleiter über den Geruch in seinem Büro gewundert haben, munkelte man. Papa finanzierte der Schule später neben einem Klettergerüst für die Turnhalle eine echte Kokosstaude.

Der Bestatter wünschte uns sein «herzliches Beileid». Das fand ich scheiße von ihm. Er sah uns wortlos mit einem langen Dackelblick an, als sei mein Meerschweinchen überfahren worden. Bevor er uns noch die Regenbogenbrücke erklären konnte, über die niedliche Haustierchen in den Himmel tapsen, fragte ich ihn, was das denn heißen sollte – «Beileid»? Der Bestatter sah erst Papa an, schaute anschließend zu Gerd, danach zu mir. «Na ja, es tut mir sehr leid, dass Ihre Mutter verstorben ist.» – «Quatsch mit Soße», erwiderte ich, «wieso denn Bei-Leid? Klingt wie beiläufig oder wie neben-bei, wie Leid für Zwischendurch. Das find ich arschig. Man kann nebenbei ‹Command'N'Conquer› spielen, okay, aber ich will niemandem nebenbei leidtun. Sagen Sie doch einfach: ‹Hallo, ja, Ihre Mutter ist tot, da sind Sie bei mir genau richtig, hier habe ich ein paar gute Artikel für die Beerdigung.›» Gerd musste niesen. Papa sah mich aus den Augenwinkeln an und schob die Unterlippe vor. Das machte er immer, wenn ihn irgendetwas an mir störte. Ich musste dann jedes Mal rätseln, was. Meist kam ich nicht drauf, und er schickte mich aufs Zimmer. Diesmal war es das Auto. Dort sollte ich warten, bis sich Papa und Gerd für einen Sarg entschlossen. Das fand ich jetzt auch nicht korrekt. Aber Mama war tot, und ich hatte keine Kraft zu streiten.

Nach einer halben Stunde stieg ich aus Papas Wagen und ging zu Fuß nach Hause.

Bei uns im Keller gab es einen Werkraum, in dem Mama sonntags kleine Marionetten aus Holz bastelte. Da roch es nach Farbe, Uhu und Sägespäne. Neben der Werkbank stand ein kleiner Schwarz-Weiß-Fernseher auf einem Schemel. Hier gab ich mir als Kind heimlich die *Power Rangers* und gaffte nachts *M – das*

*Männermagazin* auf RTLplus, hierhin zog ich mich zurück, wenn ich eine Sechs in Latein hatte. Mama und Papa hatten nie mitgekriegt, wenn ich mich unten im Bastelraum verkroch. Und darum wussten sie auch nicht, dass ich ihnen schon früh auf die Schliche gekommen war: Dieser Hobbyort von Mama war ihr Versteck für unsere Weihnachts- und Geburtstagsgeschenke. Immer kurz vor den Festen lagen ganz unten im Schrank mit den Werkzeugen und Pinseln zwischen Stoffresten und durchsichtigen Plastikfäden bunt verpackte Bündel mit Schleifchen, auf denen Gerds oder mein Name stand. Waren die Päckchen weich, war's was zum Anziehen, und ich übte umgehend freudige Gesichtsausdrücke ein. Waren sie hart und klackerte es beim Schütteln, war da vielleicht ein ferngesteuerter ADAC-Bus drin – und ich konnte mich richtig freuen.

Ich betrat Mamas Werkraum. Keine Ahnung, warum. Wie immer, wenn ich hier war, blies ich erst mal routinemäßig Späne von der Werkbank, weil das cool aussah. Dann hustete ich, schaltete den Fernseher an und öffnete schließlich Mamas Werkzeugschrank. Voll automatisch ging das. Auch diesmal wieder. Wäre man in diesem Moment der Werkzeugschrank gewesen, hätte man wahrscheinlich sehen können, dass ich mit monstermäßig aufgerissenen Augen starr vor ihm stand. Ich glotzte auf seinen Boden. Mit roten, blauen und grünen Seifenblasen bemaltes Papier umwickelte ein Geschenk, das von einem roten Band umschlossen war, an dessen Schleifchenenden «31» und «Für Uwe» geschrieben stand. Mamas Handschrift. Sie schrieb das «U» immer mit einem Fähnchen darüber, und ihr «e» sah aus wie ein kleiner Ballon. Ich nahm das Bündel mit auf mein Zimmer, beäugte es lange und packte es nicht aus.

## 2

### Struwwelpeter

«Man kann es auch Kadaver nennen», sprach ich, «oder Restmensch, Hülle.» Ich erklärte Gerds fünfjähriger Tochter Lena, meiner blonden Nichte, die genauso einen Pferdeschwanz trug wie Mama, was ein Leichnam war. Verstand sie trotzdem nicht – und schielte. «Du schielst», sagte ich ihr.

Wir hatten gerade die Kapelle verlassen. Papa schritt voran auf den Friedhof. Vor ihm wurde Mamas Sarg hergetragen. Daneben marschierte eine Bläsergruppe und spielte Beerdigungslieder. Neben Papa ging Papas Vater, Opa Achim, dahinter Gerd, seine Frau Theresa, Lena und ich. Uns folgten Tante Marion und Onkel Bernd. Dann Onkel Gotthilf, Mamas Bruder. Er ging allein. Seit sein Parkinson schlimmer wurde, wollte keiner mehr so richtig was mit ihm zu tun haben. Das fand ich fies. Er war aber auch schon vorher eher ein peinlicher Typ gewesen und einzelgängerisch drauf. Jetzt zitterten seine Hände wie bei Hitler in dem einen Kinofilm, wo der tatterige Adolf mir total leidtat am Schluss, obwohl er ein Arsch war. Hinter Onkel Gotthilf liefen Freunde von uns, Mamas Hockeykameradinnen, der Männerchor Garbsen, Angestellte von

«Wöllner Baustoffe und Dachdeckerbedarf» und die ganzen Zulieferer mit ihren Familien.

Sie hatten ihr ein Grab in der Nähe des Parkplatzes ausgesucht, da hatten wir es in Zukunft nicht weit zu laufen. Vom Grab aus sah man auf die Reihe der Autos unserer Gäste, alle goilst geputzt für die Trauerfeier.

Der Pfarrer, Pfarrer Paul, war ein Freund der Familie. Sowieso kannte in Garbsen jeder jeden. Er stand hinter dem Grab, strich sich über den Bart, und als der Sarg über dem Grab ruhte und sich alle drum herum versammelt hatten, setzte er zu seiner Rede an: «Wir haben uns heute hier zusammengefunden ...» Ich wusste, dass er mit diesen Worten anfangen würde. Die kannte ich aus Beerdigungssketchen in Comedyshows, und dann fiel meistens einer ins Grab oder so. Tatsächlich fiepste genau in diesem Moment ein Auto, und ein Kofferraum schnappte auf. Ich schwöre. Alle taten, als wäre nix. «... um Abschied zu nehmen ...», fuhr er fort. Wieder fiepste es. Fiep-fiep-klack. Wieder schwiegen alle angeberisch ungerührt. Nur Pfarrer Paul hielt inne, beugte sich dezent zu Onkel Gotthilf, dabei hielt er die Faust vor den Mund, als wollte er husten. «Bevor wir weitermachen», hörte ich ihn flüstern, «bitte leg doch deinen Autoschlüssel aus den Händen.»

Onkel Gotthilf, sagte mein Bruder mal, habe viel mit mir gemeinsam. Die Stimme. Die Fresse. Die Kurzsichtigkeit. Und trotzdem hätte er sein Leben in den Griff bekommen. Ich widersprach: «Alle, die angeblich ihr Leben in den Griff bekommen, sind lediglich im Griff des Lebens, das Leben hält sie am Adamsapfel fest und lässt sie in der Luft baumeln.» Außerdem war Onkel Gotthilf auch immer Single.

Der Sarg wurde in die Erde gelassen. Die Träger warfen ihre

weißen Handschuhe hinterher. Ich hörte Kraniche am Himmel und blickte nach oben. Sie flogen eine Formation. Kranichzivilisationen waren viel einfacher als menschliche. Man konnte nicht so viel falsch machen. Papa drückte meinen Kopf wieder nach unten: «Konzentrier dich.»

Nach der Zeremonie gingen wir in Zweiergruppen zum «Bierbrunnen». Meine Nichte fragte mich, warum das Leichenschmaus hieße. Ich sagte ihr, dass ich das auch nicht wüsste. Ich fand, man musste Kindern sagen, wenn man sich mal nicht auskannte. Sonst hatten die ein völlig falsches Bild vom Erwachsensein und machten sich voll Druck, alles wissen zu müssen, nur weil sie bald zu den Großen gehörten. Ich erklärte Lena, dass Mama jetzt unter der Erde lag: «Ihr Korpus beginnt langsam zu verwesen. Dann kommen Aaskäfer und Ameisen, Fliegenmaden und Fadenwürmer und ernähren sich von ihr. Eine ganz spezifische Aasfauna bildet sich, und zum Schluss bleibt das Skelett übrig und Humus.»

«Was ist Humus?», fragte sie.

«Humus ist das, worin wir im Garten Radieschen pflanzen.»

«Also pflanzen wir Radieschen in Tante Erika?»

Diesen Gedanken fand ich mies von ihr. Wir schwiegen eine Weile. «Übrigens, ihre Haare und ihre Nägel, die wachsen weiter, unter der Erde. Wenn man sie in einem halben Jahr ausgräbt, sieht sie aus wie Struwwelpeter.»

Lenas Augen blickten jetzt ganz gerade. Struwwelpeter war ihr ein Begriff.

Wir suchten unsere Platzkarten in der Kneipe. Ich ging zweimal um den ganzen Tisch und gaffte nach meinem Namen. Ich fand ihn am Kindertisch.

Mein Bruder entschuldigte sich damit, er hätte die Platzkarten aus Versehen vertauscht. Aber ich könnte ja am Kindertisch sitzen bleiben, wo sich doch die kleine Lena so gern mit mir unterhielt. Alle saßen. Ich hatte keine andere Wahl. Ich setzte mich halb mit dem Rücken zu den Kindern, aß Bockwurst und hörte, wie meine Nichte den anderen Kindern erzählte, dass meiner Mama jetzt lange Haare wachsen würden und man sie in den Garten werfe und Radieschen auf ihr pflanze. Ein Junge, der elf war, bestritt dies, und sie fingen an zu diskutieren. Ich hätte lieber bei den Erwachsenen abgehangen. Als Teil der Trauergemeinde. Ich würdigte die Kinder keines Blickes. In dem Moment, in dem man sie ansah, akzeptierte man sie.

Onkel Gotthilf verließ den «Bierbrunnen» nach einer halben Stunde wegen Keuchhusten. Er war immer der Erste, der auf Feiern ging. Ich nahm seinen Platz ein und war froh, von den Kindern weg zu sein. Sie spielten mittlerweile «Uwes Kackwurst» mit ihren Bockwürsten. Dass heute ein Mensch aus unserer Mitte gegangen war, hatten die Arschlöcher bereits vergessen. Bei den Erwachsenen war die Stimmung weniger ausgelassen. Hier beschäftigte man sich ausgiebig mit Krankheit und Tod. Papa erzählte von Dachdeckerunfällen mit Schlüsselbeinbrüchen. Seine Schwester berichtete von Reizdarm und Darmpilzen. Herrn Kohn, der Zeugwart, erklärte, er habe einen gotischen Gaumen, dieser laufe hoch und spitz zu. Mama war kein Thema. Alle tranken Korn, das Personal brachte einen nach dem anderen. Mein Bruder packte mich plötzlich fest an der Schulter. Trink auch einen, Uwe, trink. Ich lehnte ab. Ich hatte bereits zweieinhalb Doppel-Spalt-Schmerzkapseln intus.

Bevor alle besoffen waren, klopfte ich mit meiner Gabel vorsichtig gegen ein Weinglas. Jetzt war der richtige Moment gekommen, das Bild zu präsentieren, das ich für Mama hergestellt hatte. Ich umgriff mein Handgelenk. Puls bei 95. Schnell nahm ich noch einen Schluck Wasser und klopfte ein zweites Mal gegen das Glas.

Niemand schien es zu hören. Um mehr Aufmerksamkeit zu erzeugen, nahm ich eines der Schnapsgläser und hämmerte es mit voller Wucht auf den Holztisch. Schlagartig waren alle ruhig. Ich stand auf.

«Ich habe etwas vorbereitet. Für Mama.»

Opa nickte mir aufmunternd zu. Tante Marion lächelte etwas. Die vornehmen Hockeykameradinnen von Mama schauten gerührt, ihre Perlenohrstecker funkelten mich an. Nur Papa schob wieder die Unterlippe vor.

Ich zog unter den gespannten Blicken aller Trauergäste meine Papierrolle hervor und breitete mein dreidimensionales Bastelbild aus. Eigentlich sollte es in der Kapelle auf einer Staffelei neben ihrem Sarg stehen, aber ich war zu spät fertig geworden. Ich hatte auf DIN A1 ein riesiges rotes Meer gemalt, das 90 Prozent der Fläche füllte. Das war Menschenblut. In der Bildmitte hatte ich mit Tipp-Ex und Tusche Mama auf das Blutmeer gepinselt. Nackt. Sie war sehr gut getroffen, man erkannte sie sofort. Ihr Bauch zentral aufgeschnitten, ihr Gedärm, das ich aus Dr. Peppers-Kaugummi geformt hatte, quoll aus ihrem Unterleib und gebar den Kopf eines Playmobilmännchens, dem ich mit Fineliner eine Brille gemalt hatte. Das sollte ich sein. Daneben klebte ein Mann mit Dachdeckerhammer und Fliegerhut, den ich aus einem Berufsbekleidungskatalog ausgeschnitten hatte.

Klebeband ließ ihn eine echte rostige Nagelschere halten, mit der er versuchte, das Nochnichtgeborene aus dem Uterus zu ziehen. Das war Papa.

Jemand schrie auf.

«Dieses Bild ist meiner Mama Erika Wöllner gewidmet. Das Blut hier ist echt. Es stammt aus meiner Nase, falls es Sie interessiert. Ich hab die Heizung nachts auf 5 gedreht und mir dann so lange die trockenen Schollen von den Nasenlöchern gekratzt, bis Blut geschwallt ist. Aber nicht nur so aus Quatsch, sondern ich hab halt darüber nachgedacht, dass es dieses Blut gar nicht gäbe, wenn Mama mich nicht genau heute vor einunddreißig Jahren unter Schmerzen auf die Welt gebracht hätte. Und natürlich auch nicht ohne ihren Geschlechtsverkehr mit Papa; deshalb ist der da auch drauf. Es gäbe auch nicht meine Pupillen oder meine Aorta ohne Mama ...»

Papa fixierte mich. Seine Unterlippe bebte. Er machte dem Kellner ein Zeichen.

«Es gäbe auch nicht meine Kalkdrüsen und meine Milz. Durch sie habe ich alles, was ich zum Leben brauche. Ich vermisse sie. Ich ...»

Plötzlich drehte jemand eine Stereoanlage auf, und der Radetzkymarsch dröhnte durch den Feiersaal. Die Trauergemeinde begann zu tuscheln und fing zaghaft an zu schunkeln.

Eigentlich ist das ihr Tag, dachte ich, als ich aus der Kneipe in Richtung Friedhof ging. Ich trug nur ein Hemd, die Kälte zog schnell unter meine Achseln. Die sich abwechselnden Reihen von Grabsteinen und Pappeln standen ruhig vor dem Horizont, und ich zündete mir eine Zigarette an. Ich fand, das passte jetzt. West Light. Die gammelten auf dem Tisch rum, an dem ich saß.

Ich hustete mit jedem Zug. Vielleicht sollte ich mit dem Rauchen anfangen.

Auf Mamas Grab lag frische Erde. Die Grabkerzen brannten. Jemand hatte ein Plüscheichhörnchen mit Hockeyschläger neben eines der roten Lichter gesetzt. Ich musste an Mamas Kopf denken, an ihre Haare, an die Kugel. Ich rannte zurück zum Parkplatz und übergab mich in die Hecke.

**3**

## «Schreiben Sie's auf, ich beschäftige mich später damit»

Als mich Papa am Tag nach der Beerdigung in sein Zimmer bat, ahnte ich, dass etwas passieren würde, auf das ich nicht vorbereitet war. Papa ließ mich nie in sein Zimmer. Als ich kleiner war, nur ein einziges Mal, um mir etwas auf seiner Weltkarte zu zeigen.

Es gab generell viele Dinge, die Papa nie tat: Er ging nie mit uns schwimmen, an Weihnachten kam er nie mit zum Baumaussuchen, er zog als Einziger im Haus nie die Schuhe aus, er hatte mich nie gelobt, aber auch nie misshandelt. Darüber hinaus gab es auch eine Menge Dinge, die er immer tat: Er blieb zum Beispiel immer in seinem Fernsehsessel sitzen. Wenn zu Hause Besuch eintrat, stand er erst auf, wenn dieser den langen Weg durch das Wohnzimmer bis zu seinem Sessel genommen hatte, um ihm die Hand zu schütteln. Er war auch immer der Erste, der sich Essen auffüllen durfte, wenn wir zusammen aßen. Und er krallte sich immer den größten Fleischkloß. Mama lächelte dann. Ihr gefiel wohl, dass Papa Appetit auf ihre Speisenzubereitung hatte. Eigentlich gab es ausschließlich Dinge, die er nie oder die er immer tat. Nichts machte er nur manchmal oder mal so, mal so.

Es surrte leise in seinem Zimmer. Neben der Tür war ein Aquarium mit Fischen wie in *Findet Nemo*. Papa sprach Anweisungen in sein gold-schwarzes Nokia-Handy. Er sagte: «Nein! Das brauche ich bis morgen.» Und: «Bitte en détail!» Dabei stand er vor einem Fenster und sah in den Garten. Ich stellte mir vor, wie am anderen Ende der Leitung ein untergebener Mitarbeiter von «Wöllner Baustoffe und Dachdeckerbedarf» als schwitzendes Etwas immerfort nickte, «Jawohl, Herr Wöllner». Genau wie in *Didi – Der Doppelgänger* mit Dieter Hallervorden. Das war meine absolute Lieblingsverfilmung: «Ich brauche mehr Details!» – «Jawohl, Herr Immer!» Wie goil das war! Papa war genau wie Herrn Immer. Einmal hatten Gerd und ich uns elfmal hintereinander *Doppi – Der Didelgänger* gegeben, wie wir den Film ehrfürchtig nannten, und konnten jede Szene auswendig mitsprechen.

Als Papa mich im Türrahmen bemerkte, machte er mir mit knapper Geste klar, dass sein Gespräch nicht mehr lange dauerte. Er setzte sich auf einen dunkelgrünen Sessel und laberte eine rhythmische Reihe einsilbige Wörter ins Telefon. Neben dem Sessel fiel mir ein Beistelltischchen auf, worauf ein bordeauxfarbener Humidor stand. Darüber hing die Weltkarte. In Mahagoniregalen lehnten alte Bücher an afrikanischen Holzschnitzereien, die sich anschrien. Es roch wie in einer Bibliothek. Und nach Zigarre. Gemälde von Koi-Karpfen hingen an der Wand, leere Vasen mit asiatischen Ornamenten in Gold und Blau standen in den Ecken. Ich versuchte mir vorzustellen, wie Papa hier die ganze Nacht hindurch saß und an Mama dachte. Vielleicht sogar weinte. Es gelang mir nicht. Weinen war auch so eine Sache, die Papa nie tat.

Er beendete das Telefonat mit: «Ja, ja, bitte, gut.» Er ließ das Handy in seiner Sakkotasche verschwinden, erhob sich, rieb seine Hände wie ein Chirurg vor einer komplizierten Operation und sah mich eindringlich an. «Uwe.» Dabei dehnte er das U, als sei er überrascht, dass ich noch immer in der Tür stand. Sein Blick ging zu Boden, er raffte einen kurzen, feuchten Schlauch auf, der zum Wechseln des Aquariumswassers benutzt wurde.

«Gestern hast du uns schwer enttäuscht», begann Papa zügig und knibbelte an dem Schlauch. «Hast du überhaupt eine Vorstellung davon, wie sehr du uns mit deinem widerlichen Stumpfsinn beschämt hast?» Papas Finger hatten ein kleines Loch im Gummimantel ertastet und begannen, es auszuweiten. «Uwe, bitte sag du es mir. Ich bin ratlos. Bitte sag mir, was wir falsch gemacht haben, dass du nicht einmal auf der Beerdigung deiner eigenen Mutter den Anstand eines erwachsenen Mannes erkennen lässt. Du bist doch seit achtzehn Jahren keine dreizehn mehr.» Ich war fasziniert von dem Bild seines kleinen Fingers, der immer wieder in dem Loch des Schlauchs verschwand und es energisch dehnte.

«Schlauch-Erotik!», platzte es aus mir heraus, und ich wies auf sein Fingerspiel. Papa hatte gerade etwas von einem Maß gefaselt, das nun voll sei, und von großer Trauer. Ich hatte ihn offenbar unterbrochen. Jedenfalls schob er seine Unterlippe vor und sah mich todernst an. Dabei erinnerte er mich wieder an Herr Immer.

«Was soll das, Uwe? Bitte – es muss doch möglich sein, ein Gespräch mit dir zu führen ohne die saudummen Witze…»

«Ich mache keine Witze», entgegnete ich, «auf gar keinen Fall einen Witz!» Das war einer meiner Lieblingssätze aus *Didi – Der Doppelgänger*; den sagte Herrn Immer in der genialsten Szene, als Bruno Koop einen Witz machen wollte und Herrn Immer es ihm untersagte. Papa wurde lauter. «Du strauchelst an allen Fronten. An der Zuhausefront machst du uns halb wahnsinnig mit deinem Affentheater, an der Arbeitsfront fährst du eine Pleite nach der anderen ein!»

Was denn für Fronten? Wir waren doch nicht im Krieg. Ich war irritiert. Und sprachlos. Exakt so fühlte sich Bruno Koop, dachte ich, als er für einen Tag Herr Immers Firma leiten sollte, obwohl er nur ein kleiner Kneipenwirt war. Dauernd wurden Antworten von ihm verlangt, deren Fragen er nicht verstand. Nie wusste er was zu sagen. Dann zitierte er hilflos irgendwelche Sätze, die Herrn Immer sonst sagte, und manchmal passten die. Genauso ein Immer-Satz schoss mir in diesem Moment durch den Kopf:

«Das ist nur Ihre Meinung. Schreiben Sie's auf, ich beschäftige mich später damit.» Ich hatte ihn irgendwie ausgesprochen. Papas Hand umklammerte den Schlauch jetzt fester denn je. Seine Fingerknöchel traten weiß durch die Haut.

Es war das achte Abendessen ohne Mama, und es gab Schinken, Spiegeleier und saure Gurken. Papas Lieblingsessen. Gerds Frau hatte es gekocht. Während der gesamten Mahlzeit sagte keiner ein Sterbenswort. Nur Lena sang irgendwelche Lieder über Jahreszeiten und ein Karussell auf einer grünen Wiese. Ich war der Einzige am Tisch, dessen Eigelb noch rund und unberührt war. Papa hatte seins schon runtergeschlungen und war mit den Worten «Danke, Thereschen» verschwunden. Gerd war auch schon fertig und holte sich einen fettarmen Bio-Joghurt Natur aus dem Kühlschrank. Er aß ihn am Tisch und schwieg. Das war angenehm, denn wenn Gerd redete, imitierte er meist Papa. Theresa brachte Lena ins Bett.

Ich hatte kaum Appetit und machte auf meinem Teller eine Hügellandschaft mit Bunkern. Für die Bunker schnitt ich die Enden der Gurken ab und legte sie auf das gewölbte rote Fleisch des Schinkens. Die weißen Fettstreifen waren ein reißender Fluss, der in meinem Spiegelei endete. Das Spiegelei war ein Institut für Nanotechnologie. Es hatte eine glänzende Gebäudehaut und einen Garten aus künstlichem Schnee, dort konnten die Wissenschaftler in ihrer Freizeit Schneeballschlachten machen oder Eisstockschießen. Ein gelbes, futuristisches Forschungszentrum, so ähnlich wie das Max-Planck-Institut in Bayern, wo ich mit Mama mal sieben Tage lang bei einem Spezialisten für Neurologie war.

Dieser Spezialist war ein Scharlatan und hieß Professor Suhrstein. Er schwafelte über irgendwas Neurologisches, das angeblich in meinem Körper stattfand. Er wollte herausfinden, wie gut meine Nervenbahnen Ströme ans Gehirn weiterleiteten. Stattdessen machte er lauter Computertests mit mir – leider nicht «Splinter Cell», nicht mal «Donkey Kong». Dabei wollte er, dass Mama sich neben ihn setzt, obwohl sie eigentlich neben mir sitzen wollte. Suhrstein hatte vielleicht als Jugendlicher zu wenig gelungene Pornoverfilmungen gesehen, oder er war ein echter Motherfucker, der es auf alle Mütter von Patienten abgesehen hatte. Ich wollte auf jeden Fall schnell weg aus den Fängen des dubiosen Doktors. Andererseits war es schwierig, zu entscheiden, welches Übel das Schlimmere war: Die nervige Untersuchung im Max-Planck-Institut durchziehen und dafür aber mit Mama in dem erhabenen Hotelzimmer leben, mit Kühlschrank und Fernseher am Bett, oder zurück nach Garbsen, in die Schule, in der die Lehrer nicht erkannt hatten, wie viel in mir steckte. Mama war in Bayern jedenfalls genauso glücklich wie ich. Sie konnte sich richtig gut um mich kümmern, ohne dass Papa oder Gerd sie störten.

Bei mir hatte Professor Suhrstein keine Chance. Ich hatte mich absichtlich doof gestellt bei den Tests und falsche Antworten noch und nöcher gegeben. Ein Trick, den ich in früher Kindheit entwickelt hatte. Ich nannte ihn den «Do-little-Trick», weil man fast nichts machen musste, außer eben nichts tun oder das Falsche sagen. Die Folge war immer dieselbe: Die anderen wurden erst wütend, weil sie dachten, man stelle sich dumm, aber dann sagten sie: «Komm, geh zur Seite, ich mach's!» Ich musste nie die Spülmaschine einräumen. Mama erledigte fast immer meine Hausaufgaben, und Onkel Gotthilf baute eine abgefahrene Spickzettelkonstruktion aus Kassenbonpapier und einer Gummirolle, die er unter meinem Hemdsärmel anbrachte. Hatte dadurch einen Abi-Schnitt von 3,4. Ich musste nach der achten Klasse nicht in die behinderte Waldorf-Schule im Nachbarort wechseln, weil ich mir während des Vorstellungsgesprächs absichtlich die kleine doofe Glaskugel einer Holzmurmelbahn, die im Direktorinnenzimmer rumstand, in die Nase steckte und ansonsten kein Wort sprach.

Gerd aß seinen Joghurt langsam, aber leidenschaftslos. Ich sah ihm nicht gern beim Essen zu. Er verzehrte alles, als wollte er lediglich seinem Körper die nötigen Nährstoffe zum Weiterleben verabreichen, nicht weil es ihm schmeckte. Ich ertrug diesen

Anblick nicht, stand auf, hüpfte um den Küchentisch und schlug ihm mit der flachen Hand auf den Hinterkopf. Das machten wir früher immer. Dann kloppten wir uns und vertrugen uns wieder.

Aber Gerd rührte sich nicht.

«Was ist los mit dir?», fragte ich und kniff ihm in die Brustwarze. Er löffelte ungerührt seinen Joghurt.

«Willst du ein Knoppers?»

Er schüttelte den Kopf. Früher hatten wir uns wochenlang um das siebte Knoppers im Siebenerpack gestritten. Heute war Gerd Geschäftsführer einer Firma in Hannover, die diese piependen Mikrochips herstellte, welche in Kühlschränken steckten und zu schrillen begannen, wenn man die Tür zu lange offen ließ oder im Auto nervig rumpfiffen, nur weil sich einer nicht gleich anschnallte.

«Wegen Mama?», fragte ich.

«Auch.»

«Was noch?»

«Und wegen dir, Uwe.»

Na super, jetzt ging das wieder los. Ich hätte längst zu Hause ausziehen sollen, das machte man eigentlich mit Anfang zwanzig. Gerd hatte das auch so gemacht, Job, Frau, Kind – und so weiter und so nervig. Aber die meisten Männer würden sich nur deshalb eine eigene Wohnung mit Frau suchen, um sich vor allen anderen Leuten als ach so selbständig zu präsentieren. Dabei wären sie es gar nicht. Mutig ist, wer daheim wohnen bleibt, obwohl die Gesellschaft das streng untersagt. Außerdem mochte ich mein Zimmer, und ich liebte es, mich auf den eiskalten Fußboden unseres Kellers zu legen.

«Deine Perspektiven …», fuhr mein Bruder langsam fort. Das war ein Schulpsychologenwort, ein Kunstlehrerwort oder ein Formel-1-Kommentatoren-Wort. Ein Formel-1-aus-acht-unterschiedlichen-Kameraperspektiven-Wort. Die Rembrandtperspektive.

«Wieso jetzt meine Perspektiven?» Ich war genervt.

«Allgemein.»

«Also, ich finde meine Perspektiven eigentlich allgemein überdurchschnittlich gut.»

«Uwe.»

«Was?»

«Red nicht alles auseinander.»

Das war auch kein Gerd-Wort, das war ein Papa-Wort. «Rednichtallesauseinander.» Das sagte er immer, wenn er eine Diskussion verlor.

«Wieso, in der Milchfabrik mach ich doch …»

«Sie haben dich rausgeworfen.»

«Aber in der Verwaltung ist noch Fachkräftebedarf …»

«Du bist keine Fachkraft.»

«Wie kommst du jetzt überhaupt auf die Perspektivensache, hast du eine 3-D-Brille gefrühstückt?» Ich musste kichern und schnipste ihm an die Wange. Er hielt meinen Finger fest.

Da bemerkte ich Papa. Ich erschrak entsetzlich. Papa stand regungslos mitten im Türrahmen zur Küche. Wie eine Erscheinung aus dem Jenseits. Wie der Sensenmann, der stumm und beharrlich auf eine neue Lieferung wartete. Keine Ahnung, wie lange er dort schon bedrohlich rumlungerte. Er hatte die Hände über der Gürtelschnalle gefaltet, sah mich mit leicht gesenktem Kopf aus seinen tiefblauen Augen an, die sich jeden Moment pechschwarz färben würden. Gerd ließ meinen Finger los. Papas Blick lähmte mich. Mechanisch sank ich auf den Stuhl neben meinen Bruder. Der legte schweigend seinen Löffel in den Joghurtbecher. Ich rührte mich nicht, während ich in meinem Kopf panisch damit beschäftigt war, alle Ganglien fest zu verschließen, damit sich bloß kein Herrn-Immer-Spruch einen Weg nach draußen bahnte. Ich befahl allen Abteilungen meines Gehirns, unverzüglich ihre Arbeiten einzustellen, und richtete die Botschaft an mein zentrales Nervensystem, nur noch lebenserhaltende Maßnahmen zu unterstützen. So wie Papa da im Türrahmen stand und mich anstierte, wurde mir ein wenig übel. Einem U-Boot vor dem Tauchgang gleich, machte ich alle Schotten dicht, und darum habe ich bis heute kaum noch Erinnerungen an das, was dann geschah.

**4**

## Ameisenbrei

In kleinste Stücke zerhackt und eingekocht. So fühlte ich mich vier Tage später. Wie eines von Mamas Quittengelees. Oder wie der geschrumpfte Super Mario. Mein halbes Hab und Gut in einem einzigen Bundeswehrseesack. Papas Gepäckrichtlinien waren härter als auf jedem Flughafen. Die Wohnung in Berlin sei zweiundvierzig Quadratmeter groß, erklärte Papa, sie gehöre ihm, sie sei frei und ich könne da erst einmal mietfrei rein. Ein Umzugsunternehmen hatte tags zuvor mein Hochbett samt Matratze, meinen Schrank, Fernseher, den Schreibtisch und auch meinen PC dorthin verfrachtet. Ich hatte es geschafft, meine Britney- und Eva-Mendes-Poster eingerollt im Seesack zu verstauen, ohne dass die knitterten, immerhin. Mamas Geburtstagsgeschenk. Ich hatte es noch immer nicht ausgepackt. Die fröhlichen Seifenblasen auf dem Geschenkpapier. «Für Uwe», ich strich über die rote Schleife mit Mamas Handschrift und packte das Geschenkpäckchen in den Sack. In die Seiten quetschte ich meine Ersatzjeans, T-Shirts, Socken, meine ganze Medizin, neun Unterhosen und ein paar Butterbrote. So selbstgeschmiert sahen die scheiße aus. Aber egal. Romulus und

Remus, dachte ich, die zwei Wolfsjungen, wurden ganz ohne Butterbrote auf dem Tiber ausgesetzt, und am Ende gründeten sie genau an dieser Stelle eine Stadt, von der aus ein Weltreich entstehen sollte.

Romulus und Remus, das würden meine neuen Nicknames werden. Romulus Remus, der Eroberer der Hauptstadt. Ich stand zum letzten Mal in meinem leeren Kinderzimmer und hatte etwas Angst.

Wir waren sehr früh am Bahnhof. Als Papa den Bundeswehrbeutel im Gepäckfach des Zugabteils verstaut hatte, sagte er: «So.» Sonst nichts. Er griff in seine Jackentasche, holte ein paar Geldscheine hervor und steckte sie in meine Brusttasche. Dann ging er. Ohne sich umzuschauen. Ohne auf dem Bahnsteig stehen zu bleiben. Ich hätte einen Abschied mit wehendem Taschentuch und Neben-dem-Wagen-Herlaufen total uncool gefunden, ich war schließlich kein kleines Sesamstraßen-Kind mehr, andererseits hätte ich das trotzdem für angebracht gehalten.

Jedenfalls hatte mir Papa einen Fensterplatz reserviert. Ich konnte es mir bequem machen, und es bestand keine Gefahr, von irgendjemandem verdrängt zu werden. Mit Spannung erwartete ich meinen Sitznachbarn. Der Zufall würde mir einen ersten Weggefährten für meine Fahrt ins Ungewisse zulosen.

Es war eine dürre alte Frau, die aus dem Mund roch. Ich gaffte aus dem Abteilfenster.

Nicht, dass ich von der Welt nichts gesehen hatte. Ich war auf Teneriffa, in Dänemark, an der Ostsee und an der Skisprungschanze in Oberhof. Sogar in Lloret de Mar. Busreise mit dem Christlichen Verein Junger Männer, CVJM. Aber den Trip brach ich bereits am dritten Tag ab, Jugendreisen sind Quatsch.

«Mit wem sprechen Sie?», fragte die Greisin.

Ich sah mich um.

«Wer?»

«Na, Sie!»

«Ich habe nicht gesprochen.»

«Doch, Sie sagten gerade: ‹Jugendreisen sind Quatsch.›»

«Quatsch.»

«Na doch, junger Mann, haben Sie gesagt.»

Entweder, dachte ich, kann die alte Hexe Gedanken lesen – vor ein paar Jahren hätte man ihr die Leber rausgeschnitten und den Rest des Körpers in der Dorfmitte verbrannt –, oder ich hatte laut gedacht.

«Sie haben laut gedacht», wiederholte die Alte.

Ich erschrak.

Sie reichte mir einen Butterkeks. Typische Hexe. Ich akzeptierte.

«Ich bin übrigens Uwe Wöllner.»

«Mein Name ist Erika Weiler.»

«Erika, so hieß meine Mama.»

«Hieß? Ist sie verstorben?»

«Vor einer Woche ungefähr.»

«Das tut mir sehr leid.»

«Weiß ich jetzt nicht. Sie kennen mich ja gar nicht. Sie können also nicht sagen, dass Ihnen das leidtut, weil Sie gar kein gemeinsames Empfinden mit mir entwickeln konnten.»

«Es tut mir trotzdem leid.»

«Nee, das ist psychomäßig gar nicht möglich.»

Sie schwieg und packte die Kekse wieder in ihre Tasche.

Wenn ich in Berlin angekommen bin, sollte ich mir sofort ein Taxi nehmen, das hatte Papa gesagt. Die Adresse stand auf einem Post-it, das ich in meiner Jeansjackentasche hatte. Aber als ich am Hauptbahnhof mit zehn anderen Leuten halb aus dem Zug geschubst wurde, konnte ich kein Taxi sehen, nicht mal ein Schild, nur Virgin-Records-Läden, Rolltreppen, Frucht-Oase-Buden, meterhohe Stahlsäulen, Schienen auf tausend Stockwerken, McDonald's. Meine Augen fanden keinen Halt. Ich strömte einfach mit all den Reisenden die Rolltreppe hinunter. Es war wie ein Sog, wir trieben als Blutkörperchen mit evolutionärer Bestimmung, irgendwie zielgerichtet und trotzdem willenlos, durch die Adern des Hauptbahnhofs. Das war beängstigend. Rolltreppe, Rolltreppe, Rolltreppe. Kurze Versammlung am Bahnsteig. Transporter kam. Einstieg. Türen schlossen. Krasses System – und noch ehe ich es überhaupt raffte, stand ich mit fünfzig anderen Leuten in einer neonbeleuchteten S-Bahn.

Der Strom hatte mich hierhergetragen, ich sah die ganze Zeit nichts als alte Frauen, dicke Männer, Punker, Teenager, Säufer und Getier. Und als ich zum ersten Mal trotz des miefigen Gedränges durchatmen konnte, wurde mir bewusst, dass ich gar nicht darauf geachtet hatte, in welche Richtung die Bahn fuhr. Zwischen gelangweilten Gesichtern, Hochsteckfrisuren und zu Haltegriffen ragenden Armen sah ich einen Plan voller psychedelischer Linien. Nichts war zu erkennen. Keine Chance. In Garbsen gab's nur die Linie 4, neben dem Plan hing da immer ein Hinweisschild: «Vorsicht Langfinger! Achten Sie auf Ihre Wertgegenstände!» Darauf war ein unheimlicher Mann mit Panzerknacker-Brille, der einer nichtsahnenden Frau mit grünem Kleid und roten Locken von hinten in die Handtasche langte. Ich fand das stets etwas sexuell, das Bild. Mama hatte früher gesagt, in der Großstadt müsste man alle wichtigen Dokumente in einem Etui unter dem Pullover und vor dem Bauch tragen. Ich nahm meinen Seesack nach vorne und umgriff ihn fest mit beiden Händen. Ob in diesem Abteil Gangster saßen? Ich konnte keine Mittouristen aus meinem ICE-Zug erkennen. Das waren wohl Berliner. Müde und miesepetrig. Na toll. Genau das hatte ich über die Berliner gelesen und dachte: Nee, so sind die bestimmt nicht – fies, dass man die armen Leute so beschreibt. Und jetzt fletzten die hier wirklich so stulle.

Nach drei Stationen wurde die S-Bahn wesentlich leerer. Es roch nach Pisse, und eine leere Flasche Schöfferhofer rollte auf mich zu. An der nächsten Station würde ich auf jeden Fall sofort aussteigen. Ich stellte mich dicht an die Tür. Durch die zerkratzte Scheibe sah Berlin gar nicht so groß aus, aber es war ja auch schon dunkel.

Jannowitzbrücke. Mein Seesack war mein Schutzschild. Sollte mich jemand anquatschen, würde ich ihm den einfach in die Fresse werfen. Das ließ mich ein wenig entspannter werden. Unten an der Straße hielt ich ein Taxi an und stieg auf der Beifahrerseite ein.

Der Taxifahrer meinte, ich sollte mein schweres Gepäck nächstes Mal in den Kofferraum legen und nicht auf meinen Schoß, wegen Enge. Ansonsten schwieg er. Dafür erzählte ich ihm alles. Alles über Berlin. An welchen Orten man sich laut Sicherheitsstatistik lieber nicht aufhalten sollte. Vom Schwulen- und Drogenstrich am Zoo. Von den Betäubungsmitteln, die es dort zu kaufen gab, und von den gefährlichen Substanzen, die in der Hasenheide kiloweise im Umlauf waren. Das Sprechen beruhigte mich etwas. Berlin regte mich auf. Ich wusste viel über die Stadt. Bedeutend mehr als mein Chauffeur. Und der war hier geboren, glaubte ich.

Karl-Marx-Alle 133, achte Etage, Vorderhaus. Ich stand in einer Millionenstadt im Dunkeln auf der Straße, und der gelbe Post-it mit Papas Handschrift war mein einziger Anhaltspunkt. Hier sah es wie in Nord-Korea aus, hier fanden früher die Militärparaden statt, die Straße so breit wie in Los Angeles oder Tokio.

In der Ferne knallten Böller, vermutlich China D, und ich wusste, dass ich zu meiner neuen Bleibe acht ganze Stockwerke mit einem Aufzug fahren musste. Ab jetzt war ich einer von 3,8 Millionen Einwohnern, und wenn eine hundertmal hundert Kilometer breite Betonplatte auf Berlin fallen würde, könnte man meinen Matsch nicht von dem der anderen unterscheiden.

Zirka dreißig Minuten stand ich vor dem Personenlift und dachte über Fortbewegungsalternativen nach. Als Kind hatte mich Gerd durch Pendel-Hypnose für einen Paternoster transportfähig gemacht. Aber der Zauber hielt nur für ein halbes Stockwerk; ich sprang in der ersten Etage sofort aus diesem fiesen Horrorteil und musste den restlichen Weg ins dritte Geschoss laufen. Jetzt waren es beachtliche acht Etagen mit einem sechzig Kilo schweren Seesack. Ich konnte zumindest so viel Mut aufbringen, wenigstens den Pfeil-nach-oben-Knopf zu drücken. Hinter dem schmalen Fenster der Aufzugstür setzten sich dünne Stahlseile in Bewegung. Als der Gedanke, einfach zu kapitulieren und wieder nach Hause zu fahren, mein Gehirn streifte, wurde ich plötzlich durch einen heftigen Stoß in den Rücken gegen die geriffelte Metallschiebetür des Fahrstuhls geworfen.

Meine Nase fühlte sich taub an. Mein rechter Brillenbügel war verkrümmt. Das war scheiße. Ich traute mich nicht, ihn zurechtzubiegen, dabei zerbrach er schon einmal. Meine Brille war ein Unikat. Eine medizinische Sonderanfertigung. Ich hielt meinen Bundeswehrseesack schützend vor mich und wendete mich mit schief sitzender Brille meinem Angreifer zu.

Vor mir stand ein Faden. Der dünnste Junge, den ich je sah, so im jugendkriminellen Alter zwischen zwölf und dreizehn. Hinter mir öffnete sich jetzt die Fahrstuhltür.

«'tschuldige, hab dich übersehen», sagte der Junge.

Er war so mager wie Hänsel im Käfig. Schmal und blutleer wie russische Straßenkinder bei *Spiegel TV*, die an leeren Benzinkanistern schnüffelten, um einzuschlafen.

«Army?», fragte er und deutete auf den Sack.

Ich schüttelte den Kopf.

«Siehst auch nicht so aus.»

Er hat mich geschubst, dachte ich, Sicherheitsstufe Orange!

«Was is jetzt mit Aufzug?», drängelte er.

«Ich weiß noch nicht», antwortete ich. In der größten Gefahr sollte man immer die Wahrheit sagen.

«Na, los!» Er manövrierte mich durch die Fahrstuhltür und drückte auf die Taste mit der Nummer 8.

«Ah ja, ich muss mich auch in den achten Stock befördern lassen», sagte ich.

Er lachte, als hätte ich einen Scherz gemacht.

«Zu Besuch?»

Ich nickte.

«Wie lange?»

«Weiß ich noch nicht.»

Er schob sein T-Shirt hoch und blickte mich auffordernd an.

«Dein Bauch», bemerkte ich vorsichtig.

«Ach nee», entgegnete er und spannte ihn kräftig an. Seine Haut war bleich und durchsichtig wie Pergamentpapier. Unter der Oberfläche konnte man die Bewegung der sich zusammenziehenden Muskeln genau erkennen. Ich musste an einen lichtscheuen Grottenmolch denken.

«Sixpack», sagte ich.

Er nickte zufrieden.

*Fahrstuhl zum Schafott. Uwe Wöllner, 31, sympathischer Auszubildender aus Hannover-Garbsen, wurde am späten Abend des 14.10.2008 in der Karl-Marx-Allee Opfer eines brutalen Raubüberfalls. Die Fahrt mit einem Mehrpersonenlift wurde ihm dabei zum Verhängnis. Ein junger, durchtrainierter Mann lockte Wöllner in die Todeskabine und tötete ihn mit einem gezielten Schlag auf die linke Schläfe. Der Täter ließ den Garbsener tot im Aufzug zurück und entkam mit Textilien der Marken Wrangler und Adler.*

Jetzt zog es in meinem Hals. Ich musste husten. Das Spray hatte ich im Seesack. Ganz unten. Ich schnappte nach Luft und wühlte durch meine Wäsche wie neunzehn Türkinnen im *Tagesschau*-Beitrag zum jährlichen Winterschlussverkauf. Als wir im achten Stock angelangt waren, hatte ich ausgiebig inhaliert, und der dünne Junge bekam sich nicht mehr ein vor Lachen.

«Spasti», gluckste er.

«Was?» Ich schüttelte irritiert den Kopf.

«Aber cooler Spasti.»

Wir stiegen aus.

«Hau rein!» Er spuckte ein Kaugummi auf den Boden und verschwand im dunklen Flur.

In meiner ersten eigenen Wohnung – ein Zimmer, eine Küche, ein Bad mit Dusche ohne Badewanne – lungerten sieben große Umzugskartons im Flur rum. Es war kühl, die Wände nackt, es roch nach Teppich, und ich wollte nach Hause. Ich ließ meine Jacke an. Im Wohnzimmer stand mein Schreibtisch in der Mitte des Raumes. Daneben lag Gestänge auf dem Boden herum. Eine Matratze lehnte an der Wand. Die Umzugsheinis hatten zwar meinen Schrank, aber das Hochbett nicht aufgebaut. Ich schüttelte den Seesack ab, überlegte kurz, ob ich ihn auspacken sollte, nahm aber nur Mamas Geschenk heraus und legte es vorsichtig ganz oben auf den Schrank. Danach ließ ich die Matratze der Länge nach auf den Boden plumpsen, warf mich darauf und schlief sofort ein.

**5**

## «Hier spricht das Leichenvernichtungs-
## zentrum»

«Üb immer Treu und Redlichkeit» stand in einem Plas-
tikrahmen an der Eingangstür vom Beerdigungsinstitut Weiß
in Friedrichshain. Ich war mit dem Taxi hierhergefahren, zur
zweiten Adresse auf meinem Post-it, und eine Stunde und fünfzehn Minuten zu früh. Nervös aß ich eines der übriggebliebenen
Butterbrote und fror. So wartete ich auf Bestatter Weiß, einen
alten Freund von Papa, den ich noch nie gesehen hatte und der
jetzt mein Chef werden sollte. Ich musste Papa versprechen, hier
meinen Lebensunterhalt zu verdienen. 450 Euro im Monat. Als
Aushilfe – was auch immer ich in dem Beerdigungsladen zu tun
haben würde. Mir blieb wieder keine andere Wahl.

Die Auslage des Geschäfts von Herr Weiß war mit blauen
Neonröhren beleuchtet. Ich setzte mich auf die Kühlerhaube
eines parkenden Wagens und blickte ins Schaufenster. «Särge
Eiche». «Internationale Särge». «Kindersärge». Die Kindersärge
waren «radikal reduziert». Vielleicht starben zu wenig Kinder,
dachte ich, während Schulkinder auf dem Bürgersteig vor mir
ihre Ranzen trugen. In meinem Brot hatte sich eine Rosine ver-

irrt. Das war ausdrücklich ein Vollkornbrot ohne Rosinen. Überrascht zog ich die Greisentraube mit der Zunge aus dem Teig, lutschte sie langsam mit geschlossenen Augen und spürte ihre faltige Haut, bis mich plötzlich eine Hand berührte.

Es war eine glänzende, schmale Hand. Übertrieben lange Finger und ein knapper Handrücken. Sie hielt meinen Unterarm. Ich schreckte hoch. Es war die Hand von Herr Weiß. Senkrecht stand er vor mir, ein Turmmensch.

«Uwe?»

«Herrn Weiß?»

«Du hast wohl etwas geträumt.»

«Nein, nein, ich bin wach.»

«Wartest du schon lange?»

«Nur eine Stunde etwa.»

«Ich freue mich, dass du pünktlich erschienen bist. Dein Vater hatte schon befürchtet, du könntest dich wegen des Umzugsstresses verspäten. Gut angekommen?»

Leise öffnete er die Tür, drei Schlösser, zog zweimal schnurgerade seine Füße über die Matte und räusperte sich. Ich machte es ihm nach: rechter Fuß, linker Fuß, räuspern. Ich folgte ihm durch das Foyer zu einem Waschbecken hinter einem Wandvorsprung. «Vor dem Klo und nach dem Essen, Händewaschen nicht vergessen», summte ich. Er wusch seine langen Finger, rieb Seife durch die Fingerzwischenräume und lächelte mich an.

«Ich freue mich, das du hier bist, Uwe. Ich bedauere, dass ich es nicht zur Beerdigung eurer Mutter geschafft habe. Mich verbindet eine ganz wichtige Zeit mit deinem Vater.»

«Ja?»

«Oh ja. Wir haben zusammen gedient. Auf einer Stube. Unser Jahrgang, das denkt man gar nicht, war einer der ersten, der zum Wehrdienst einberufen wurde. Das war natürlich aufregend. Da hatten wir dolle Monate, dein Vater und ich. Die will ich niemals missen, Uwe.»

«Na ja, gut…»

«Doch, doch. Ich schätze den Richard sehr. Bis heute.» Er trocknete sich die Hände an einem Handtuch ab und gähnte. «Wir hatten in der vergangenen Nacht einen Trauerfall zu verbuchen.»

«Und die Leiche ist jetzt hier irgendwo?»

Er blinzelte. «Wir sagen nicht Leiche.»

´ Ich nickte. «Sagen wir nicht.»

«Wir nennen den Verschiedenen beim Namen. Herr Ringier wird gerade im Souterrain gewaschen.»

«Woran ist Herrn Ringier denn gestorben?»

Leise gingen wir durch den Flur, ich passte mich seiner Schrittfolge an. Rechts und links an der Wand hingen Urkunden von der Bestatterkammer, die Ehrenmitgliedschaft im Bundesverband der Beerdigungsinstitute, und ein Foto von Herr Weiß in Schwarz.

«Hier entlang, bitte.»

Herrn Weiß flüsterte, obwohl niemand zu sehen war, nur ein Mann aus Pappe, mit grauen Haaren und rosafarbener Haut, der unfassbar breit grinsend seine ebenmäßigen Schneidezähne bleckte. In seinen Händen trug er einen silbern schillernden Stein. «Ein Juwel von Mensch», stand auf seiner Brust, «jeder Diamant ist ein Unikat. Ihr Erinnerungsdiamant entsteht ausschließlich aus der übergebenen Kremationsasche – garantiert ohne Zusätze und Beigaben.»

Ich gab dem Pappaufsteller einen kleinen Schubs, sodass der Mann mit seinem Leichenstein vor und zurück wippte. Das sah abgefahren aus. Herrn Weiß drängte mich sanft weiter. Ich dachte darüber nach, welche Form Mama haben könnte, wenn ich sie als Diamant bei mir hätte.

«Meine Assistentin ist im Schwangerschaftsurlaub, und ich suche noch Ersatz», unterbrach Herrn Weiß meine Gedanken, «da können wir Hilfe gebrauchen. Und wenn du nur halb so tüchtig bist wie dein Vater, dann wird das was werden.» Er zwinkerte mir zu und öffnete die Tür zur Kellertreppe.

«Die einzige Leiche, die ich jemals gesehen habe, war die von Buffy», erklärte ich ihm, «als Buffy am Ende der fünften Staffel umkommt. Keiner sollte mitkriegen, dass die tot ist, wissen Sie, und darum wurde an ihrer Stelle Buffybot eingesetzt, was aber natürlich auffiel, weil Buffybot total fehlerhaft war.»

«Ja, ja», sagte Weiß betroffen.

«Ich fand die Folge eher langweilig.»

Im Keller angekommen, öffnete Weiß die schwere Eisentür zum Kühlraum. Ein seltsamer Duft kam uns entgegen.

«Buffy war aber gar nicht tot ...»

Es roch, als hätte jemand Papas Lieblingsschimmelkäse mit Sagrotan übersprüht. Ich sah mich um. In der Mitte des klirrend kalten Raumes, unter einem weißen Glühstab, schrubbten zwei Leute an etwas Länglichem herum. Da lag ein toter Mensch, das war mir sofort klar, echtes Fleisch, Haut, ein Körper. Gewaschen von den noch Lebenden. Anders als beim Pappaufsteller spürte ich, dass ich da mit einem Schubs nicht mehr viel bewegen konnte. Herrn Ringier würde nicht wie Buffy wiederauferstehen.

«Guten Morgen. Das ist der Uwe Wöllner. Er ist wie angekündigt ab heute für uns da», sagte Weiß.

Einer meiner neuen Kollegen sah so alt wie ich aus, er hatte einen lockigen Vollbart und ein rundes Gesicht; er hieß Björn. Der andere war vielleicht vierzig, mit blondem Zopf und hieß Karin. Sie nickten mir nett zu.

Ich verbeugte mich: «Uwe Wöllner aus Garbsen.»

«Die beiden werden Herrn Ringier jetzt ankleiden», sprach mein Chef.

«Darf ich ihn vorher noch einmal richtig angucken?»

«Ja, einen Moment, sie kleiden ihn rasch an.»

«Kann ich ihn nicht sehen, wenn er noch nackt ist?»

Weiß sah mich prüfend an. Danach trat er zur Seite. Ich nahm die Butterbrotdose mit den Vollkornresten aus der Jacke, öffnete sie und hielt sie unter mein Kinn, für den Fall, dass ich unkontrolliert brechen müsste. Zuerst sah ich seine Füße: sauber geschnittene Nägel, kurze, platte Sohlen. Ich atmete schnell und sog vorsichtig Luft ein, aber Herrn Ringier roch nicht schlecht. Mein Magen blieb ruhig. Ich umfasste mein Handgelenk: Auch mein Puls war normal. Ich sah, wie sich Herr Ringiers Brusthaare sträubten, als wäre ihm kalt. Er war wahrscheinlich Sportler, sein Bizeps und die Bauchmuskeln traten hervor, obwohl er sicher schon um die fünfzig war. Er lag da, als würde er einfach nur schlafen. Seine Augen waren verschlossen, und ein wenig schien es, als ob er ein Geheimnis für sich behalten wollte. Irgendetwas zog mich an. Irgendwie hoffte ich, dass mich der Tod anspringen würde. Seine Hoden hingen tief und verschwanden zwischen seinen gelblichen Beinen. Ich berührte vorsichtig eines seiner Brusthärchen mit der Fingerkuppe. Es fühlte sich elektrisch an, das erste Stück Toter, das ich je berührte. Da tauchte das krasse Bild vom Struwwelpeter unplanmäßig in meinen Gedanken auf, der ungekämmte Peter, bei uns im Garten begraben, seine Haare, seine langen Finger- und Zehennägel durchziehen das Erdreich, ranken nach oben, sind plötzlich Wurzeln, Wurzeln von Radieschen. Es war, als bekäme ich einen leichten Stromstoß, vielleicht bildete ich mir das auch nur ein.

Karin schob mich sachte und wortlos zur Seite und begann, Herr Ringier eine weiße Hose über das rechte Bein zu ziehen. Björn hob Herr Ringiers linken Arm an, um ihn geschickt in einem schwarzen Hemdsärmel verschwinden zu lassen. Sie hievten an ihm herum und zuppelten, als würde man eine Puppe ankleiden. Oder ein bockiges Kind, das nicht mithelfen will. An einem Haken an der Wand hingen ein weißes Jackett an einem Kleiderbügel und eine schwarze Fliege. Herrn Ringier sollte fein aussehen im Sarg, wie auf dem Weg zu einem Ball. Björn und Karin sprachen nicht miteinander, gaben sich nur kurze Informationen wie «Ecke» und «Oberschenkel» und «Zieh».

Die Leuchtröhre flackerte, das Kühlaggregat brummte, Björn kratzte mit einem winzigen Messer das Schwarze aus Herr Ringiers Fingernägeln. Dabei schwiegen wir alle.

Björn und Karin machten an der Leiche rum, sahen nicht hoch, bedachten mich nicht mit einem Blick.

Ich musste den ersten echten toten Menschen in meinem Leben in Anwesenheit gänzlich Unbekannter erleben, die mit dem Anziehen von Leichen besser vertraut schienen als mit dem Small Talk unter lebendigen neuen Mitarbeitern. Ich hätte jetzt gern eine mir nahestehende Person um mich gehabt. Einen vertrauten Mitmenschen, mit dem ich darüber reden könnte, dass mich der Anblick des toten Mannes schon bewegte. Ich hatte Angst, der tote Herrn Ringier könnte mich von irgendwo sehen und scheiße finden, wie ich so dastand und ihn anstarrte. Mir wurde schwindelig. Genau wie ich jetzt, hatte sicher jemand auch Mama angeglotzt.

Vielleicht waren Björn und Karin nur deshalb so wortkarg, weil sie von mir erwarteten, dass *ich* etwas sagte. Ich, als der Neue oder so. Vielleicht fanden sie es sogar krass unhöflich von mir, dass ich mich einfach in ihren gewohnten Kühlraum stellte und gar nichts erzählte. Die waren womöglich richtig angepisst von meiner Stummheit. Das wäre ein abgefuckter Start in den neuen Kollegiumskreis, dachte ich. Ich überlegte angestrengt, dann machten sich ein paar Wörter hinter meinem Hypothalamus warm, begaben sich angespannt in die Startlöcher meines Sprachzentrums, und irgendeine Synapse gab schließlich den Startschuss:

«Mein Bruder hat mal einen coolen Anrufbeantworterspruch gehabt», eröffnete ich den Versuch eines ersten Gesprächs unter Bestattern. Björn hob den kahlen Kopf von Herr Ringier an, damit Karin das Leichenhemd hinter Herr Ringiers Nacken zuknöpfen konnte. Sie blickten nicht auf.

«Der ging so: ‹Hallo, hier spricht das Leichenvernichtungszentrum. Falls Sie sich einer Leiche entledigen wollen, so sagen Sie uns Ihren Namen und Ihre Telefonnummer, wir werden Sie prompt bedienen!› Den fand ich cool, den Spruch.» Ich lachte ziemlich.

Weiß kratzte sich an der Stirn. Björn legte Herr Ringiers Kopf vorsichtig auf einer Stützvorrichtung für Leichenköpfe ab.

«Oder der: ‹Hier ist die Mikrowelle von Gerd Wöllner. Der

Anrufbeantworter ist mit der Kaffeemaschine durchgebrannt. Wenn Sie jetzt etwas gekocht haben wollen, halten Sie es vor den Hörer.› Voll der Spruch, ne?» Ich kicherte.

Karin schrie «Hepp», packte Herr Ringier unter den Schultern und hob ihn hoch. In diesem Moment knarrte der Tote wie eine alte Truhe, danach schnarchte er laut auf, und aus seinem Mund drang ein Stoß Luft. Mitten in mein Gesicht. Sie roch nach nasser, alter Kleidung, Erde, Eiern und Senf. Soleier und Kaffee, dachte ich, zum Frühstück aß der gute Mann noch Soleier mit Senf und trank mir nichts, dir nichts ein Tässchen Kaffee, bevor er für immer von dannen zog. Abgefahren. Seine Augen standen jetzt halb offen. Ich presste mir die Brotdose vors Gesicht, aber nichts geschah. Karin grinste. «Det war sein allerletzter Atemzug», sagte sie, und Björn streifte Herr Ringiers Hemd glatt. Sie legten Herr Ringier in einen weißen Sarg mit Verzierungen am Rand, die wie Stuck aussahen. Weiß presste seine langen Finger aufeinander.

«Schau gut zu, Uwe. Und frage ruhig, wenn du etwas wissen möchtest.»

Als er die Tür hinter sich schloss, zündete sich Björn eine Zigarette an.

«Kommst du von der Uni?»

«Nein, Bau- und Dachdeckerbedarf.»

«Und jetzt Bestatter?», fragte Karin.

«Für mich gibt es da keinen großen Unterschied», verkündete ich, «beide Bereiche haben mit Menschen zu tun.»

«Stimmt. Und oft fallen Leute vom Dach», grinste Björn.

Das Eis war gebrochen.

## 6

### Lazarusmädchen

Die Scheiben des Leichenwagens waren dunkel. Wie beim Cadillac One vom amerikanischen Präsidenten. Ich saß im Beerdigungs-Batmobil. Bulletproof. Run-Flat-Reifen. Als ich mich anschnallte, sah ich zu Herr Weiß rüber. Er und ich waren richtige Bodyguards jetzt, im absolut wahrsten Sinne. Bestatter-Batman und Rest-in-peace-Robin. Das war von Goilistik gehittet, also von Coolheit geschlagen. Ich würde alles aufsaugen, was nun geschehen sollte. Ab heute würde ich tote Menschenleiber herumfahren. Sie in Mutter Erde vergraben. Überlebende trösten. Beistand leisten. Herrn Weiß und ich waren Pförtner des Jenseits. Das fand ich abgefahren.

«Wodurch ist Herrn Ringier denn nun eigentlich umgekommen?», fragte ich.

Herrn Weiß zog die Stirn kraus. «Uwe, für das, was wir hier jeden Tag tun, ist es notwendig, sich nicht so viel mit den genauen Umständen der Todesfälle zu beschäftigen. Distanz ist das A und O. Wir holen die Verstorbenen ab, waschen sie, kleiden sie an, erledigen den Papierquatsch und bringen sie mit Respekt und Würde unter die Erde. Nicht mehr und nicht weniger.»

«Aber wir leisten auch Beistand.»

«Natürlich, auch.»

«Also, ich find's wichtig, dass wir etwas mehr über den Toten wissen, Herrn Weiß. Wie er so zu Lebzeiten drauf war und was er gerade so anglotzte und wegschnabulierte, als sein letztes Stündlein schlug. Wenn ich heute den Löffel ins Gras abgeben würde, sollte die Nachwelt schon was wissen von mir. Ich fänd's cool, wenn jemand wie *Lenßen & Partner* das Passwort zu meinem Computer knackt und dann der Menschheit auf Wikipedia erzählen würde, wie hoch mein Highscore bei ‹Mortal Kombat› liegt oder wie goilst ich auf einem jpeg von Gisele Bündchen aus'm Netz ihren Häkelbikini mit Photoshop wegretuschiert hab. Mit so einem Wissen könnten Sie meinen Hinterbliebenen super Beistand leisten.»

Herrn Weiß wedelte eine unsichtbare Fliege weg und schaltete in einen höheren Gang.

«Zunächst ist es wichtig, dass du den korrekten Umgang mit den Hinterbliebenen lernst. Regel Nummer eins: Diskretion. Um dafür ein Gespür zu bekommen, wirst du mich in den ersten fünf Wochen als mein Assistent zu allen Hausbesuchen begleiten.»

«Das find ich cool, Herrn Weiß! Aber wenn ich einem traurigen Zurückgebliebenen Mut zusprechen will, dann muss ich doch ...»

«*Hinter*-bliebenen, Uwe. Erst einmal wirst du Protokoll führen und die Fragen und Wünsche der Angehörigen aufnehmen. Guck mir am besten erst mal einfach nur zu. Ich mache das seit dreißig Jahren. Wir treffen gleich auf Herrn Ringiers Tochter, bitte sei rücksichtsvoll.»

«Und die Frau von Herr Ringier?»

Herrn Weiß schwieg. Er war echt ein Haudegen.

Wir parkten vor einer Doppelhaushälfte mit Jägerzaun, neben der ein großes, dunkles Gebäum stand. Hinter den Fenstern bewegte sich nichts, tote viereckige Augen, die zusammen mit der Haustür ein miesepetermäßiges Harlekingesicht ergaben. Herrn Weiß und ich öffneten eine modrige Pforte und durchschritten einen von Unkraut besiedelten Vorgarten. Auf einem Klingelschild stand mit krakeligem Kuli ‹Ringier›. Ich hatte mir unter diesem Namen eine abgefahrene Glasvilla vorgestellt, mit hellem Wohnzimmer und weißem Flügel, wie bei *Derrick*, in dem eine bigtittige Witwe im seidigen Morgenmantel heulte.

Die Tür wurde von einer jungen Frau in den Zwanzigern aufgemacht, vielleicht war sie auch einmal schön gewesen, als sie noch jünger war. Aber nun hatte ihr jemand das Sehorgan tief in den Kopf gedrückt. Schlupflider mit dem Gewicht von Reiner Calmund schwollen über ihren Okularen. Statt Augenringen zwei eingenähte wulstige Mandarinenscheiben. Dazu kamen nässende rote Röschen auf ihren Armen, auf dem Dekolleté, wahrscheinlich sogar unter ihrer Zunge. Es schüttelte mich.

«Bestattungsinstitut Weiß, wir haben telefoniert.» Herrn Weiß blieb Profi und reichte dem Wesen, das aussah wie die weibliche Version von Hui Buh, die Hand. Aber die Gespensterarme waren offensichtlich zu schwach, um die Geste zu erwidern.

«Mein Beileid, Fräulein Ringier. Mich begleitet unser Assistent Herr Wöllner. Ich hoffe, Sie haben nichts dagegen.» Die junge Frau konnte uns vermutlich noch nicht einmal richtig erkennen. Es schien, als ob ihre Bindehaut aus einem gallertartigen Mantel bestünde, sie spähte durch ihre verklebten Sehschlitze wie eine ungereinigte Straßenkatze.

Ich wollte Herr Weiß zu erkennen geben, dass ich von dem Antlitz der Hinterbliebenen genauso erschüttert war wie er. Und so grimassierte ich ihm meinen Ekel entgegen, als sich Herr Ringiers übelst unansehnliche Tochter umdrehte, um uns ins Haus zu führen. Herrn Weiß blieb ungerührt.

«Kein Mensch denkt gern an den Tod», sprach Herrn Weiß. «Groß ist oft die Verwirrung der Familienangehörigen, ratlos stehen sie all den Aufgaben gegenüber.»

Das Lazarusmädchen hatte sich auf ein wuchtiges braunes Sofa fallen gelassen, auf dem allerlei Rechnungen, Postkarten, Coupons, Wurfsendungen, Fotos und Joghurtbecher zerstreut herumlagen. Ein Trauernest. Der Geschmack von Pfirsichjoghurt kurz an meinem Gaumen.

«Frau Ringier, Ihr Vater hat nun seinen ewigen Frieden gefunden. Er ist bei uns in guten Händen. Oftmals besteht der Wunsch, sich in Ruhe und Stille von einem lieben Verstorbenen zu verabschieden. Haben Sie sich unsere Broschüren zu einer möglichen Aufbahrung Ihres Herrn Papa einmal angesehen?»

Fräulein Ringier atmete laut durch den Mund. Ihre Nase war offenbar komplett verstopft. Ohne ihren Kopf zu bewegen, schielte sie treffsicher wie ein altes Chamäleon auf das Prospekt unseres Beerdigungsinstituts inmitten der Schnipselhalde. Sie langte danach. Ohne Erfolg. Ich musste an die Esso-Tankstelle bei uns in Garbsen denken, wo es einen Spielzeugautomaten gab, dessen Greifarm auch immer so danebengriff und nie ein Kuscheltier zu fassen bekam.

Stattdessen zog sie ein Foto aus dem Papiersammelsurium, auf dem der lebendige Herrn Ringier lachend inmitten einer Gebirgswandergruppe abgebildet war. Sie schaute es an, dann sackte sie zur Seite, legte sich auf all die wichtigen Zettel und Dokumente und rollte sich darauf ein.

«Fräulein Ringier, Sie sind sicherlich sehr erschöpft. Sollen wir ein anderes Mal wiederkommen?» Für Herr Weiß war das wohl auch keine normale Situation.

Doch das schlaffe Fräulein nahm einen Anlauf, um zu sprechen. «Ich will ihn nicht noch einmal sehen. Nicht so.» Ihre Stimme klang, als ob man langsam Luft aus einem gerade aufgeblasenen Ballon entließ.

«Natürlich, wie Sie wünschen», sagte Herrn Weiß.

«Aber wieso? Er sieht gerade toll aus!», rief ich. «Herrn Ringier» – Pluspunkt Nummer eins, ich hatte nicht «Leiche» gesagt, sondern den Verstorbenen beim Namen genannt – «ist tipptopp in Form. Wirklich, machen Sie sich bitte keine Sorgen. Da sehen Sie gerade echt mal schlimmer aus als Ihr Vater.»

«Uwe!», ermahnte mich Herrn Weiß.

Ich beugte mich auf Zehenspitzen an sein Ohr und flüsterte: «Ich dachte nur, weil im Moment ist sie ja eher total im Eimer, ne? Die getrocknete Rotze und so, der ganze Vogelscheuchenkram im Gesicht. Als Frau sollte man sich nicht so gehenlassen. Aber wenn man trauert, ist es sicherlich schwieriger, die Schminke ordentlich im Gesicht zu verteilen, oder? Sie kennen sich da besser aus. Aber die kann ja vor lauter Tränensekret gar nichts mehr richtig sehen.»

«Ja, ja, ja, ja», sagte Herrn Weiß sehr laut, während ich in sein Ohr hauchte.

Die Trauernde setzte sich plötzlich auf und kämmte sich die fettigen Strähnen aus dem Gesicht. Herrn Weiß machte beschwichtigende Handbewegungen.

«Bei Herr Ringier, also bei Ihrem Vater» – ich bemühte mich um dieselbe ruhige Stimmlage, wie Herrn Weiß sie hatte; sie klang tief wie bei Sky du Mont, so wollte ich schon immer sprechen können, der beste Tonfall für Beistand –, «hatten wir richtig Zeit, ihn schön zu machen.»

Das traurige Mädchen starrte mich an. Herrn Weiß gab einen eigenartigen Ton von sich und räusperte sich ausgiebig. Das fand ich jetzt unpassend von ihm.

«Der Witz ist ja», fügte ich hinzu, «dass die Hinterbliebenen zwar lebendig sind, aber genau wie Sie gerade oft voll das Wrack, also jetzt optisch. Und Ihr Vater ist tot und sieht aus wie das blühende Leben. Verstehen Sie?»

Herrn Weiß riss mich am Arm. Parkkrallenstyle. Er deutete mit zwei Fingern erst auf seine Augen und anschließend auf meine und sagte streng: «Küche. Jetzt!»

Ich schien ihm eine Sekunde zu lang überlegt zu haben, denn er schubste mich unsanft voran und schob mich durch eine Schiebetür. Im Hintergrund schluchzte das Gespenstermädchen.

«Um Himmels willen, Uwe! Was in Herrgotts Namen ist in dich gefahren? Was erzählst du unserer Kundin für fürchterliche Geschichten?! Ich bin davon ausgegangen, dass du nach dem, was eure Familie durchgemacht hat, genug Sensibilität besitzen würdest, hier nicht aus dem Rahmen zu fallen.»

«Wieso, welcher Rahmen denn? Ich mein, das sieht doch jedes Kind, dass die Schiss hat, ihren toten Papa auf einer Bahre zu sehen und ihm Tschüssikowski zu sagen, weil sie denkt, er wäre schon verwest.»

«Es ist nicht unsere Aufgabe, darüber zu urteilen. Der Kunde entscheidet, wie er mit seinem Verlust umgehen möchte.» Herrn

Weiß stand beistandsmäßig voll auf dem Schlauch, fand ich. Ich sah ihn an.

«Bei Mama war das auch so. Sie erfahren, dass eine Hockeykugel ihr die Rübe weggerissen hat. Na supertoll. Gesehen hab ich nix. Die Feuerwehr hat uns damals geraten, Mama nicht nochmal anzugaffen. Das fand ich so was von fies von denen, weil ich mir jetzt immer selbst ausdenken muss, wie Mama zuletzt aussah, und zwar bis ich selbst unter der Erde liege! Böse Falle, lall ich.»

«Uwe ...» Herrn Weiß legte seine Hände sanft auf meine Schultern. Er fokussierte mich. Seine Stirn wellte sich wieder. «Du weißt ...» Er hielt plötzlich inne und blickte an mir vorbei. Ich drehte mich um. Am Türrahmen lehnte eine traurige Tochter.

«Wie lange stehen Sie schon dort?», fragte Herrn Weiß vorsichtig. In diesem Moment knickten die Knie des Lazarusmädchens ein. Ich überlegte nicht lange, sprang zu ihr, fing sie auf. Sturzbäche von Rotze und noch mehr Rotze lösten sich aus dem Geschöpf und ergossen sich auf meinem besten Holzfällerhemd. Ihr hagerer Körper gewitterte in meine Arme. Ich konnte ihre Kopfhaut riechen. «Herrn Ringier ist echt die coolste Leiche der Welt. Schauen Sie ihn an. Und sagen Sie ihm ‹Auf Wiedersehen›.»

Auf dem Weg zurück fuhr Weiß viel schneller als auf dem Hinweg. Batmobil Raketenmotor Warp 10. Ab und zu sah er in den Spiegel, als würde uns jemand verfolgen. Wir sprachen nichts. Ich blickte auf das Protokoll auf meinem Schoß. Häkchen hinter Kerzen, Kränzen, Orgelmusik. Und Aufbahrung.

# 7

## Goilstes Nuttenwerk

Am nächsten Tag hatte ich mit Herr Weiß keine interessante Unterhaltung mehr führen können. Er sagte nur: «Die Späne in die Säcke, Bretter nach Farben, Sperrholzreste in das Lager», und fuhr mit Karin los, um einen frisch Verstorbenen abzuholen. Björn meinte bloß: «Nicht die Lackiermaschine anfassen, nicht die Tischfräse und auch nicht die Dübellochbohrmaschine.» Nur er und Karin waren befugt, die Gerätschaften zu bedienen.

Es waren die langweiligsten neun Stunden seit dem 4. Oktober 2001, an dem in Garbsen wegen eines Unwetters der Strom ausgefallen war und Papa sich weigerte, mir sein Notstromaggregat für den PC auszuleihen.

Zu Hause blinkte mein Anrufbeantworter. «Uwe, hier ist Gerd. Bist du da? Geh mal ran! Okay. Hör mal, gestern hat der...» Ich drückte auf Stopp. Gerd hatte wieder diesen Papa-Imitations-Ton. Das wollte ich mir jetzt wirklich nicht antun. Außerdem war ich mit Thorsten verabredet. Am Tag nach unserer Fahrstuhl-Action hatte er bei mir geklingelt, um sich mein Zimmer zu geben. In «Far Cry» war er fast so gut wie ich.

Heute wartete er, wie abgemacht, vor dem REWE-Supermarkt gegenüber auf mich.

«Wo ist der Sprengstoff?», fragte ich. «Wir wollten doch was explodieren lassen.»

Thorsten deutete auf seinen Rucksack: «Alles am Mann. Aber wir brauchen noch Spiritus.»

«Wen?»

«Brandbeschleuniger, Spasti!» Seine Stimme hatte etwas Feierliches. «Und den gibt's hier drin!»

Die automatischen Türen des Supermarkts verschluckten Thorstens schmale Silhouette. Ich folgte, konnte ihn aber nirgends mehr sehen.

Ich irrte an unzähligen Auslagen von Lebensmittelwaren vorbei und fand ihn schließlich in einem Gang zwischen Paletten mit Fruchtsäften von Onkel Dittmeyer und einem Regal mit Grillbedarf. Er betrachtete die verschiedenen Brennspiritus-Artikel.

«Los, mach dich unsichtbar», befahl er mir gereizt und legte hastig einen Finger auf seine blassen Lippen. Ich verstand nicht richtig, wie er das genau meinte. «Unsichtbar» – ich besaß ja keine Tarnkappe. Steve Irwin, der einstige Krokodilflüsterer auf RTL2, machte sich in seinen Tiershows immer unsichtbar, indem er sich direkt vor ein Krokodil stellte und freezte. Die Krokodile hielten ihn für einen Eukalyptusbaum, wenn er so regungslos vor ihnen stand. Sobald sie ihm ihren Rücken zudrehten, fing er sie mit einem Lasso.

Bevor ich Thorsten fragen konnte, was er wollte, zischte er mich scharf an: «Mach, was ich dir sage!» – «Okay!» Thorsten war Jack Bauer aus 24. Und ich sein Kollege Toni Almeida. Und wenn Jack etwas von Toni verlangte und keine Zeit für lange Erklärungen hatte, weil zum Beispiel gerade ein afghanischer Terrorist die letzten drei US-Präsidenten auf Atombomben gefesselt hatte, um sie aus Massachusetts zu feuern, dann wusste Toni, dass er nicht lange fragen, sondern gehorchen musste.

Ich schlich um das Grillbedarfs-Regal herum in den Nachbargang und bemühte mich dort, wie Steve Irwin einfach zu einer Salzsäule zu erstarren. Von Kopf bis Fuß regungslos. Wie beim Stoppessen.

Ich schloss die Augen und spitzte die Ohren: leichte Schnappgeräusche, Knistern und Rascheln. Danach blieb es still. Es tat sich lange nichts. Nach zwei Minuten linste ich vorsichtig zwischen den nebeneinanderliegenden Holzkohlesäcken hindurch auf den Gang dahinter, um zu sehen, wo Thorsten blieb. Mein Herz pochte bis zum Kehlkopf. Er war nicht in Sicht. Ein pickliger Supermarktmitarbeiter bog in meinen Gang.

«Kann ich Ihnen helfen?»

Blitzartig zog ich den Kopf zurück, drehte mich um und schwankte leicht, mein Mund einen Fingerbreit geöffnet. Der junge Mann betrachtete mich. Ich blieb absolut regungslos. Unsichtbar. Wie Thorsten gesagt hatte. Der Mann fing an, auf dem Auslagenbord vor mir Knabbersachen zu sortieren, Salzstangen mit Salz, Salzstangen mit Sesam, Salzstangen mit «ohne Salz». Dazwischen sah er immer wieder zu mir rüber. Es flimmerte vor meinen Augen. Ich erschrak vor mir selbst: Ich freezte gerade völlig allein in einem Supermarkt in der Hauptstadt von Deutschland. Womöglich um ein Verbrechen zu vertuschen. Was sonst hatte Thorsten gerade vor? Wenn ich das vor einem Monat gewusst hätte. Wenn Mama das wüsste. Oder Angela Merkel.

Harte Schritte von links. In meinem Augenwinkel erschien ein Mann mit Oberlippenbart. Magnum von Rewe, der Ladendetektiv. Seine Hand fest an Thorstens Oberarm geklammert.

«Scheiße! Sie haben dich!», entfuhr es mir.

Der Detektiv blieb stehen und musterte mich.

«Was haben Sie damit zu tun?», fragte er.

«Nichts», antwortete Thorsten.

Der Magnum sah mir prüfend in die Augen.

«Doch», sagte ich. «Natürlich habe ich was damit zu tun.»

Thorsten schüttelte den Kopf.

Der Detektiv blickte zwischen uns beiden hin und her. In der einen Hand hielt er Thorstens sich windenden Arm, in der anderen Thorstens Rucksack, aus dem fünf Flaschen Brennspiritus ragten.

«Hat er nicht», rief Thorsten.

«Na klar», rief ich.

«Ich kenne ihn gar nicht.»

«Ich kenne *ihn* aber.»

«Ich weiß gar nicht, wer der Spasti ist.»

«Was soll das, Thorsten?»

«Ich habe keine Ahnung, woher er meinen Namen kennt.»

Ich wandte mich direkt an den Ladendetektiv.

«Ich bin Mittäter. Uwe Wöllner. Karl-Marx-Allee 133. Geboren am 6. Juli 1975 in Hannover. Mein Papa Richard geboren am 23. Juli 1944 in Karlsbad. Beruf Bau- und Dachdeckerbedarf...»

«Schon gut, danke.»

Ich sah Thorsten vorwurfsvoll an.

«Ausleeren», sagte der Geheimpolizist vom Supermarkt und wies mit dem Schirm auf meine Hosen- und Jackentaschen.

Ich leerte aus: Haustürschlüssel, Portemonnaie, Asthmaspray, drei gebrannte Mandeln mit abgeplatzter Glasur.

Wenn Thorsten schon ins Gefängnis musste, dann würde ich auf jeden Fall mit ihm gehen.

«Danke», der Detektiv blies die Wangen auf.

«Sehen Sie», rief Thorsten, «der gehört nicht zu mir.»

«Ich gehöre *wohl* zu ihm.»

Der junge Verkäufer schaltete sich ein und deutete auf mich: «Also, der Herr stand die ganze Zeit hier neben mir ...»

«Hat er was eingesteckt?», fragte der Detektiv.

«Er hat sich eigentlich ... gar nicht bewegt.»

Der Detektiv zuckte mit den Schultern. «Okay», meinte er, «Sie können gehen.»

«Was soll das denn jetzt? Sie können doch nicht einfach jemanden gehen lassen, der sich schuldig bekennt! Andere wären froh, jemand würde so schnell ein Geständnis ...»

Ein tiefer Schrei. Thorsten riss sich los, griff mit Gebrüll meinen auf dem Boden liegenden Inhalator und sprühte jedem von uns blitzschnell mehrere Stöße in die Augen.

Ich blinzelte kurz, und nachdem ich über die Brillengläser gewischt hatte, sah ich, dass Thorsten sowohl mein Hab und Gut als auch seinen Rucksack samt Beute eingesackt hatte. Wie der eines Irren preschte sein dünner Körper durch die Regalreihen. Wahllos gegriffene Waren flogen in seinen bis zum Rand gefüllten Rucksack. Die Supermarkt-Männer neben mir rieben sich die Augen und schauten fassungslos zu, wie Thorsten eine Spur der Verwüstung hinter sich zurückließ, Pappaufsteller und Probierstände umriss. Als er am Ende das Gestänge mit rot-weißem Passierverbot in einem gewaltigen Satz übersprungen hatte, drehte er sich um und salutierte in unsere Richtung. Dann schrie er: «Bombenalarm!», und verschwand durch die Tür.

«Warum verfolgen Sie ihn nicht?», fragte ich Magnum.

«Er ist zwölf. Solange er nicht strafmündig ist, können wir nicht viel machen.» Der Detektiv spuckte einen winzigen Speicheltropfen auf den Boden und ging.

«Trotzdem war ich eingeweiht», rief ich ihm nach.

Die Alarmanlage setzte zeitverzögert ein, und draußen ging ein Gewitter von Knallgeräuschen los. Die Kassiererinnen stellten sich auf ihre Zehen und versuchten, durch die Scheiben etwas zu erkennen. Aber es gab nichts zu sehen. Außer einem weißen Nebel. *Jack Bauer just left the building.*

Draußen erklärte ich Thorsten, dass ich jetzt keinen Bock mehr auf Bomben hätte.

«Lass uns 'ne Cola trinken gehen», schlug er vor.

«Ich hab Spezi zu Hause.»

«Nein, ich brauch Cola.»

«Wo?»

«Im ‹Club Jasmin›.»

«Was ist das?»

«Puff.»

Bei diesem Wort musste ich schon immer etwas zusammenzucken. Und vor meinem inneren Auge fassten sich alle goilen Elsen, die ich jemals auf der *Maxim*, in der *TV Movie* und auf der *TV DIGITAL* gesehen hatte, an der Hand und tanzten mit Glitzerzeug auf den Titten in einer langen Reihe in die Unendlichkeit. Auch Collien Fernandes und Eva Mendes waren dabei. Gülcan eher nicht.

Aber jetzt, in echt, im Dunkeln in einen richtigen Puff gehen? Auf *stern TV* und im *Tatort* waren neben den Tanga-Eulen auch immer irgendwelche bis an die Zähne bewaffnete Schlägertypen vor Ort – und stinkende, alte Schwitzbäuche. Eben Zuhälter, Stricher und wie die alle hießen. Ich betrachtete Thorsten, wie er vor mir durch eine Pfütze lief. Er schien ja schon mal da gewesen zu sein. Hätte man ihn dort verkloppt, würde er wohl kaum zum «Club Jasmin» zurückkehren. Vielleicht hielten sie ihn für einen besonders kleinen Mann.

In einem Wohnhaus vor uns leuchtete ein halbes rotes Herz auf, die Leuchtpunkte in der linken Hälfte waren defekt. Aus einem gekippten Fenster drang ein süßer, scharfer Geruch, Vanille mit Maggi oder Marzipan mit Schweiß. Thorsten drückte auf den Klingelknopf.

«Thorsten ...?» Ich zupfte an seinem Parker. «Ich glaub, ich bin jetzt auch ziemlich müde ...»

Der Türsummer summte. Thorsten stieß die Tür auf und trat in den Hausflur. Was wusste ich, wo das hinführte. Viren, Menschenhandel, Pilze, Chlamydien. Die interessantesten Themen. Von zu Hause aus. Auf dem Sofa. Mit einer Scheibe dazwischen. Hier würden diese Schmuddelsachen direkt in meine Nase kriechen, sich einnisten, mich infizieren.

Hinter meinem Rücken fuhren unbescholtene Bürger auf ihren Fahrrädern die Boxhagener Straße hinunter, hielten dienliche Taxis an, die Tram karrte redlich arbeitende Menschen durch Berlin, und sie alle wussten, in welcher verbotenen Tür ich hier meinen Fuß stecken hatte. «Club Jasmin», in der Cola ausschenkenden Schummergrotte von Berlin.

«Jetzt komm endlich!»

Mit dem Gefühl, ein Ampelmännchen zu missachten, lief ich Thorsten hinterher.

Auf der rechten Seite öffnete sich die rot angestrichene Tür vom «Club Jasmin». Eine vielleicht dreiundfünfzig Jahre alte Frau machte uns auf. Sie hatte ihre Lippen hell umrandet und in der Mitte nass glänzende, brombeerrote Farbe aufgetragen. Grün leuchtende Glasperlen lagen auf unfassbar großen Brüsten und reflektierten auf der dunklen Haut.

«Thorsten!» Sie lehnte sich gegen den Türrahmen.

«Hey, Ursula. Wie steht's?»

«Och ja. Wen hast'n mitgebracht?»

«Uwe Wöllner. Einunddreißig. Arbeitet im Bestattungsgewerbe», stellte ich mich vor.

«Bestattungsgewerbe», wiederholte die Ursula, «ist ja auch mal was. Kommt rein.»

Hinter einem kurzen Vorflur mussten wir einen violetten Samtvorhang mit goldenen Quasten durchschreiten, der in einem bogenförmigen Durchgang hing. Dahinter lag ein größerer Flur mit vielen Türen. Ursula wollte mir ihre Hand reichen, aber meine war so verschwitzt, dass ich sie schnell in die Tasche schob. Ursula schaute verdutzt.

«Ja, sorry, ist jetzt nicht, weil Sie Afrikanerin sind oder so», erklärte ich ihr. «Ich habe nur etwas … Also, ich würde Ihnen sogar einen Kuss geben, so ist das nicht.»

«Na, dann gib mir einen Kuss.»

Sie war schnell. Ich hatte noch nie eine schwarze Frau geküsst. Auf Zehenspitzen näherte ich mich ihrem Gesicht. Sie war eine Riesin. Ich spitzte meine Lippen und drückte sie rasch auf ihren Wangenknochen. Sie schmeckte okay.

«Full House?», fragte Thorsten.

«Gerade eher Leerlauf. Is noch zu früh», antwortete Ursula.

Von der Decke hingen Kronleuchter, wahrscheinlich aus Plastik, in denen lilafarbene Glühbirnen eingeschraubt waren. Das violette Licht ließ alles darunter wie in einem exotischen Gewächshaus erscheinen. Am Ende des Flurs gab es zwei Türen. Vor der linken hing ein Vorhang mit bunten Perlen. Ursula öffnete die rechte, mit fluffigem Plüsch beklebte Tür und betrat mit uns eine dahinterliegende Küche. Es war eine Art Wohnküche. Ein Fernseher lief tonlos in der Ecke. *GZSZ*. Während im Flur durch das rosarot- bis lila-dämmerige Licht die Sicht erschwert wurde, war hier typische Küchenbeleuchtung angesagt. Im Fenster hing die rote Herzlampe hinter einer Gardine und blinkte halbseitig. Ich war dankbar, dass die Küche normal aussah. Weiß-braune Einbaumöbel, an denen Hanuta-Sticker klebten. Doch auf dem Küchentisch und auch auf den Ablagen ringsumher waren Handys, halbleere Sektgläser und Redbull-Dosen, auf dem Boden eine Reihe abgefahrener Schuhe. Rote Lackpumps, weiße Stiefel, durchsichtige High Heels mit bestimmt Siebzehn-Zentimeter-Absätzen. An einem Dornröschenschuh hing ein Höschen mit Zebrastreifen. Diese Küche hier war so etwas wie der Backstage-Bereich vom Puff. Krass.

Ich merkte, wie es trotz Nervosität zwischen meinen Beinen anfing zu kitzeln. Ich blickte zu Thorsten. Er hatte auf einer Sitzbank hinter dem Küchentisch Platz genommen und fragte: «Kann ich Cola?» Er kannte sich aus.

Ursula holte eine Cola-Zero-Flasche aus dem Kühlschrank. Als sie mir ebenfalls etwas anbot, entdeckte ich zwei schlafende

Prostituierte auf einer sehr langen Couch unter dem Fenster. Die eine war strohblond, die andere schwarzhaarig. Sie waren mit einer hellbraunen Steppdecke zugedeckt. Die eine lag auf der Seite, die andere auf dem Rücken. Wie Gummipuppen. Ich konnte ihre Gesichter erkennen. Der Mund der Schwarzhaarigen stand offen, und es drückte deutlich gegen meinen Reißverschluss. «Greif zu.» Ursula reichte mir ein Glas Cola. Ich trank im Stehen. Ich hätte nicht sagen können, welches der beiden Nuttenwesen schöner war. Beide waren eine Acht. Beim Atmen bewegten sich ihre Nasenlöcher leicht auf und zu.

«Eine schnarcht», bemerkte ich.

«Ja, Anne hat's mit den Polypen.»

«Mein Bruder auch ... Wo sind die Männer?»

«Ach, die Männer ...» Ursula lachte und ging an den Kühlschrank, «... die wirst du in der Küche nicht finden.»

«Bist du auch eine prostituierte Mitarbeiterin des Hauses?», fragte ich weiter.

«Nein, ich bin die Köchin und die gute Seele von das Ganze hier.»

Ursula wischte mit einem Stück Küchenpapier über den Esstisch.

«Warum bist du keine Prostituierte?», hakte ich nach.

«Och, ich bin zu alt.»

«Man ist immer so alt, wie man sich fühlt.»

«Ja, ja.»

«Also, für mich könntest du gut und gerne noch als Nutte durchgehen.»

Thorsten trank die Cola auf Ex und rülpste laut.

«Woher kennt ihr euch eigentlich? Thorsten und du?»

«Thorsten hat früher das Anzeigenblatt verteilt. Samstags früh hat er immer bei uns geklingelt, weil er in den Hausflur an die Briefkästen wollte. Und weil er Cola liebt. So haben wir uns angefreundet. Wa, Thorsten?»

«Jo.»

«Na ja, angefreundet ist ein bisschen übertrieben, oder?», warf ich ein und wartete auf eine Reaktion von Thorsten. Der hatte sich in eine *Cosmopolitan*, die auf dem Küchentisch lag, vertieft und mich mit der Konversation alleingelassen, der Arsch.

«Thorsten erzählt immer dolle Storys. Er ist unser kleiner Entertainer hier.»

«Ja, aber jetzt weiß ich keine. Vielleicht weiß Uwe eine», murmelte er, ohne von der Zeitschrift aufzusehen.

«Ja, vielleicht weiß der Uwe eine», freute sich Ursula. «Was Gruseliges von den Toten, huu!»

«Vor drei Wochen ist meine Mama gestorben», sagte ich.

Ursula sah mich an.

«Eine Hockeykugel hat ihr den Dötz zermatscht.»

Thorsten lachte und blätterte weiter.

«Das ist die Wahrheit, Thorsten.»

Er sah von dem Bild eines Models im Pelzmantel auf.

«Hast du gar nicht erzählt.»

«Du hast mich auch nicht gefragt.»

«Was soll ich dich denn fragen?»

«Zum Beispiel, ob ich traumatisiert bin!»

Ursula holte Toastbrot aus dem Küchenschrank und legte die Scheiben wie Memory-Karten nebeneinander. Anschließend nahm sie Folienkäse, Kochschinken, Eisbergsalat und Mayo aus dem Kühlschrank.

«Es fing alles an, als ich unseren Anrufbeantworter abgehört hab...», redete ich weiter.

Ich faselte die ganze Geschichte runter, Ursula schmierte ein Sandwich nach dem anderen. Es fing an, mir Spaß zu machen, eine traurige Geschichte zu erzählen. Besonders, weil Ursula total mitging. Selbst wenn ich von mickrigen Kleinigkeiten berichtete, etwa dass ich am Abend nach Mamas Tod unter meinem Bett einen halb vollen Teller Milchreis fand, den sie mir am Morgen noch zubereitet hatte, zitterte ihr Kinn. Sie reichte mir Stulle um Stulle. Als ich von der Beerdigung und den letzten handschriftlichen Grüßen all ihrer Freundinnen auf Mamas Hockeyschläger sprach, landete neben einem Klecks Majo auch eine Träne auf dem Kochschinken.

Irgendwann dachte ich mir Sachen aus, um Ursula richtig zum Flennen zu bringen, zum Beispiel erfand ich, dass Onkel Gotthilf und ich eine Nacht an Mamas Grab campiert und ihr die «Mondscheinsonate» auf Panflöten vorgespielt hätten. Ursula war ergriffen. Ich laberte mich so in Fahrt, dass ich gar nicht mitkriegte, wann die beiden Prostituierten auf dem Sofa aufgewacht waren. Sie saßen auf einmal aufrecht und hörten mir gebannt zu. Es war ein krass berauschendes Gefühl, von einer Puffmutter und goilstem Nuttenwerk still und teilnahmsvoll Gehör abzugreifen.

«Als ich aufgebrochen bin, nach Berlin, hat mich mein Bruder an den Hauptbahnhof gefahren. Er hat dauernd gelallt, dass ich doch bitte bei ihm bleiben soll und was jetzt aus ihm wird ohne mich. Aber mich zieht's halt immer schon in die Ferne. Ich stieg also in den Zug, und er gab mir so 'nen Brief. ‹Der ist von einem Notar, geliebter Bruder.› Da war ein rotes Siegel drauf, mit blauem Stempel. Und innen drin stand: ‹Vermächtnis von Erika Wöllner!›»

Ursula und die Prostis hielten den Atem an.

«Da hieß es: ‹Sehr geehrter Herr Wöllner, wir freuen uns, Ihnen mitteilen zu können, dass Sie alleiniger Erbe der tödlich verunfallten Erika Wöllner, Ihrer Mutter, sind. Wir wissen, welch Schicksal Sie durchleiden, deshalb freut es uns umso mehr, Ihnen feierlich zu eröffnen, dass Ihr Erbe insgesamt 800 000 Euro und 50 Cent – in Worten: achthunderttausend Euro und fünfzig Cent – beträgt und zusätzlich den Besitz eines gut laufenden Wellness-Hotels auf der Nordseeinsel Helmsand umfasst.›»
Ich schaute in die Runde.

Ursula fiel das Brotmesser ins Miracle Whip: «Jesus, Jesus, Jesus ...» Sie klatsche ihre Hände zusammen. «Uwe, du bist reich!»

Ich war fasziniert von der Kraft meiner Wörter. Ursula war meine Marionette. Meine Sätze ließen sie von einem Fuß auf den anderen wie Frau Mahlzahn aus der *Augsburger Puppenkiste* tanzen. Auch die beiden Mädchen auf dem Sofa lächelten mir zu, wie mir extrem selten von Frauen auf einem Sofa zugelächelt wurde.

«Wenn ich genug von immer nur Bestattung, Bestattung, Bestattung habe, kümmere ich mich um das Hotel. Zurzeit lasse ich es von anderen managen. Ich brech jetzt nicht meinen Job ab und dreh so Lotto-King-Karl-mäßig durch. Aber später ...»

«... lässt du fünfe gerade sein», beendete Ursula meinen Satz.

«Nee, fünfe sind nicht gerade. Fünfe sind ungerade. Viere sind gerade, zweie sind gerade, und nulle sind ...»

«Unglaubliche Geschichte», sagte plötzlich eine sanfte, helle Stimme, die nicht zu Ursula gehörte und auch nicht vom Nuttensofa kam.

Ich drehte mich um: Im Türrahmen lehnte eine junge Frau, die ich noch gar nicht gesehen hatte. Klein, zierlich und unsagbar elfenhaft. Ich vergaß alles, was ich mir gerade ausgedacht hatte. Remoulade, Schinken und Eisbergsalat marschierten wie der Mais von Bonduelle als Spielmannszug meine Speiseröhre herauf. Sie trug ein transparentes Minikleid, darunter ebenfalls transparente Dessous – und, unglaublich, man konnte ihre Brustwarzen sehen, ihre hellbraunen Zieten. Ich zuckte unkontrolliert und schluckte.

«Hast du ganz schön was erlebt, Uwe», säuselte sie mit osteuropäischem Akzent und legte den Kopf leicht in den Nacken.

Sie war definitiv nicht der Brühwürfel, sie war die Vanilleschote. Eine Orchidee. Pechschwarzes Haar. Kein Fertiggericht, kein Eis aus dem Plastikeimer. Braune Augen. Eine Schote wie beim *Perfekten Dinner*. Sie sah aus wie Penélope Cruz, auf die ich mich nie getraut hatte zu wichsen, weil sie dafür viel zu schön war. Eine Schote mit echter schwarzer Vanille drin.

Penélope Cruz als Prostituierte löste sich aus den langen Perlenketten des Türvorhangs, trat einen Schritt auf mich zu und sah noch unbekleideter aus als vorher. Ich versuchte mich auf ihr Gesicht zu konzentrieren und nicht nachzuschauen, ob ihre Unterhose auch zum Durchgucken war.

Sie lächelte und nahm ein Sandwich von den unendlichen Bergen, die Ursula serienmäßig und in ihrer Trauer über Mamas Tod hergestellt hatte.

«Bist du auch eine Prostituierte?»

Sie lächelte wieder. «Ich bin Sozialtherapeutin», sagte sie.

«Quatsch», antwortete ich, «echt jetzt?»

Sie lachte. Ursula und die beiden Nutten auf dem Sofa lachten auch.

«Natürlich arbeite ich hier. Aber ich bin ausgebildete Sozialtherapeutin in Rumänien.»

«Und ich bin ausgebildeter Raketenforscher in Swasiland.»

Die Leichtbekleidete begann zu lachen, hell und laut, und hörte dabei nicht auf, große Stücke aus dem Weißbrot zu beißen.

«Du hast Humor», sagte sie mit etwas Salat zwischen den Zähnen. «Willst du mit mir aufs Zimmer gehen?»

Ich blickte sie an.

«Wieso? Wohnst du hier?»

«Nein, aber ich habe hier ein Zimmer.»

«Wir kennen uns ja gar nicht», sagte ich, obwohl ich sofort mit auf ihr Zimmer gegangen wäre. Um ihr unter uns zu sagen, dass sie da was zwischen den Zähnen hatte und um ihre Brust anzufassen, für 70 Euro oder noch mehr. Ich wäre bereit gewesen, Geld von meinem Girokonto abzuheben.

Aber Thorsten war ruckartig aufgestanden und schaute auf seine *Wilde Kerle*-Armbanduhr. Er sagte, er müsste dringend nach Hause, seine Mutter hätte Geburtstag. Ursula strich ihm über den Kopf. Danach sah er mich auffordernd an. Wenn ich ihm jetzt nicht folgte, würde ich wieder allein in der Deutschen Hauptstadt rumstehen; ich wusste nicht mal den Weg in die Karl-Marx-Allee.

«Also?», hauchte die rumänische Sozialtherapeutin.

«Er ist ein Freund von Thorsten!», sagte Ursula streng. Die

schönste Frau aller Zeiten nickte, und ich verlor meinen Blick nicht aus ihren Augen.

An der Haustür umarmte sie mich kurz. Sie war ganz warm, eine zarte Frau aus Vanille, und ich fühlte mich ganz leicht, als sie mir einen Kuss auf die Stirn gab und sagte: «Komm doch morgen wieder vorbei, Uwe.»

Zu Hause blinkte noch immer Gerds Nachricht auf meinem Anrufbeantworter. Was soll's, dachte ich. Ich pfiff die Titelmelodie von *Magnum* und drückte auf «Play».

«Uwe, hier ist Gerd. Bist du da? Geh mal ran! Okay. Hör mal, gestern hat der Siegfried Weiß hier angerufen. Dein Chef. Der war ziemlich irritiert über deine, na ja, deine Arbeitsweise und meinte, er ist sich nicht so ganz sicher, ob du wirklich der Richtige für den Job bist und so weiter. Papa hat das nochmal geradebiegen können. Wirklich, Uwe, mach keinen Scheiß. Streng dich an. Mach's gut.»

# 8

## Lippe dazwischen!

Björn war heute irgendwie genervt. Ich fragte ihn nach dem Baujahr der Kreissäge in der Sargschreinerei, wie viel PS die hätte und ob es einen Kurzschluss gäbe, wenn man sie an den Massagesessel von Herr Weiß anschließen würde. Ich wollte die Betriebsstimmung auflockern, denn wenn die Mitarbeiter mich mochten, musste das auch einen guten Eindruck auf Herr Weiß machen. Ich erfand abgedrehte Wortspiele wie «Kreischsäge». Björn hatte aber einen anderen Humor, leider. Er antwortete zum Beispiel auf fast jede Anweisung von Herr Weiß mit «Bingo Bongo». Das fand ich wiederum nicht so witzig.

Ich zog mich schließlich zum Späneaufsammeln in die Werkstatt zurück.

Es klingelte im Foyer. «Kannst du mal eben nach dem Kunden sehen?» Das war Karin. Sie und Björn werkelten nebenan im Kühlraum an einer Leiche herum, deren Namen ich nicht wusste. Ich dachte darüber nach, ob «Kunde» die richtige Bezeichnung für einen trauernden Menschen war. Plötzlich wurde die Tür zu meiner Sargschreinerwerkstatt aufgerissen, und Björn stand da.

Blitzschnell tat ich schwer beschäftigt und nahm eine Handvoll Späne, um sie von einer Hand in die andere und wieder zurück zu befördern. «Machst du eben die Tür auf, Uwe? Ist wahrscheinlich ein Kunde. Bei uns geht's grad schlecht ...» Er deutete mit den Augen auf seine Hände, die mit irgendeiner glänzenden Masse beschmiert waren. «Lass ihn doch bitte eben rein. Weiß ist in 'ner halben Stunde wieder da.»

«Okidoki.»

Nach einem Kunden sehen. Ganz allein. Könnte ein Vater sein. Mit dem blutenden Kopf seiner Tochter unterm Arm. Abgetrennt von einer Kreischsäge. Oder ein Moslem. O Gott. Wie sollte ich denn einem Moslem Beistand leisten? Ich hatte null Ahnung von Allah und den vierzig Räubern und all dem. Da konnte man schnell was Falsches sagen. Was, wenn ich die Herrn-Weiß-Sätze von der Ratlosigkeit und der Verwirrung sprach und der Moslem sich in seiner Ehre beleidigt fühlte, weil in seiner Religion niemand ratlos und verwirrt war, sobald einer starb, sondern alle genau wussten, dass es im Jenseits die coolsten Frauen gab? Was sollte ich dem noch Beistandmäßiges sagen? Vielleicht, dass mich die moslemischen Frauen immer sehr beeindruckten, wenn sie auf Beerdigungen ihren Gefühlen freien Lauf ließen und lauthals wehklagten. Unsere christlichen Frauen setzten sich dagegen immer fette Sonnenbrillen auf, wenn sie am Grab standen, und heulten heimlich in schwarze Seidenschals, damit das keiner mitkriegte. Das verstand ich nie. Auf Mamas Beerdigung hörte man auch nur vereinzeltes Rotzehochziehen, keiner, der einfach mal richtig drauflosjaulte. Dabei hätte sich das gelohnt, Mama wurde schließlich nur einmal beerdigt. Genau, ich würde die Moslems für ihre echte Trauerbereitschaft loben.

Oder aber es stand die Mutter eines toten Soldaten vor der Tür. Was dann?

«Uwe?»

«Ja?»

«Gehst du nun bitte?»

«Na klaro.»

Vor der Tür stand ein junger Mann in sehr ordentlicher Kleidung und wartete darauf, dass ihn jemand hereinließ. Vielleicht ein getarnter Auftragsmörder der Berliner Russenmafia, der schon einen gefälschten Totenschein für das Opfer dabeihatte und mir einen Haufen Geld für das Wegschaffen der Leiche böte.

Ich schloss die Tür auf: oben zwei Schlösser, unten zwei Schlösser. Räuspern. Öffnen.

«Herzliches Beileid!», sagte ich und deutete freundlich auf die Fußmatte.

«Michael Köhler.»

Ich lächelte, nahm seinen Arm und führte ihn zum Besuchersessel. Er drehte sich von mir weg, ich griff nochmal nach, zog den traurigen Mann zum Sessel und legte meine Hand auf seine Schulter. Jetzt musste ich alles richtig machen.

«Tee? Kaffee? Wasser?», flüsterte ich und bemühte mich um die beruhigende Stimmlage, wie ich sie bei Herr Weiß gehört hatte.

«Wasser.»

«Bizzel?», hauchte ich dem jungen Mann entgegen.

«Wie?»

«Bizzel oder ohne?»

«Ohne.»

Er setzte sich.

Ich ging in die Küche und bereitete ihm ein Glas Leitungswasser, lauwarm, das war gut für den Magen und sollte die Nerven beruhigen. Dazu ein Schuss Zitrone, für den Vitaminhaushalt, und einen kleinen Zuckerrand, wie beim Caipirinha, auf dass er wieder in Schwung kam. Und im Kühlschrank fand ich zwar kein Minzblatt, aber ein mehr oder minder welkes Blatt eines Feldsalats. Damit dekorierte ich das Glas. Ich hatte ein unglaubliches Tempo drauf. Beistand zu leisten beflügelte mich. Ich bereitete alles auf einer Untertasse und legte zwei Ferrero Küsschen aus Karins Familienpackung dazu. Der junge Mann wirkte sehr verspannt.

«Trinken Sie», flüsterte ich.

Er setzte das Glas vorsichtig an. Dabei zitterte seine Hand, das Glas hüpfte in seinen Zitterfingern und klapperte leise auf seinen Zähnen. Schieb deine Lippe dazwischen, wollte ich ihm zurufen. Stattdessen sagte ich ganz ruhig: «Spitzen Sie Ihren Mund und saugen Sie das Wasser ein wie mit einem Schnabel.» Er war stark traumatisiert. Ich sah ihm nicht direkt in die Augen. Ich ließ ihn einfach nur spüren, dass ich da war. Er trank.

«Entschuldigen Sie die Verspätung», sagte er vorsichtig und stellte das Glas ab.

«Ach», sagte ich. «In solchen Momenten ist das Wort Verspätung nur ein Wort. Bevor Jesus auferstanden ist, hat man auch nicht danach gefragt, ob er wohl pünktlich zum Frühstück aus seiner Höhle kriecht.» Ich berührte seinen Ellbogen.

Er lachte nervös.

«Ich glaube, Sie ...»

«Pscht», unterbrach ich ihn. «Horchen wir in uns hinein.»

Wir saßen nebeneinander, Köhler und ich. Er horchte tatsächlich in sich hinein, und mir fiel fast gar nicht auf, dass ich noch meinen Schreinerkittel trug und den Ohrenschutz um meinen Hals und dass im ganzen Laden eine Spur feiner Sägespäne verteilt war. So fasziniert war ich davon, dass meine Trauerarbeit augenscheinlich Früchte trug. Köhler atmete ruhiger.

«Weinen Sie doch bitte», sagte ich, «wenn Ihnen danach ist.»

«Ich habe alle Unterlagen dabei, Herr Weiß», erwiderte Köhler zögerlich in die Stille hinein.

Weiß? Herrn Weiß war eigentlich erst in zwanzig Minuten wieder hier. Doch dem jungen Trauergast jetzt klarzumachen, dass ich nicht Herrn Weiß war, hätte ihn nur wieder aufgewühlt.

«Ach, Unterlagen», sagte ich. «Denken wir einfach an den Menschen, den Sie verloren haben.»

«An wen?», fragte Köhler vorsichtig.

«Pscht!» Ich legte kurz meinen Finger auf seine Lippen und stand auf. «Kümmern wir uns um den Papierquatsch, wenn wir so weit sind.» Ich schritt mit der gleichen aufrechten Körperhaltung wie Herrn Weiß an den Schreibtisch, zog den Drehstuhl ein Stück hoch, fuhr mit den Handflächen über die Tischplatte und knipste die Schreibtischlampe an.

«Wie groß ist oft die Verwirrung der Familienangehörigen», sagte ich, «wie ratlos ...»

«Nein, nein», unterbrach mich Köhler, «also, ich habe alles dabei.» Er legte einen dunkelblauen Plastikumschlag auf den Tisch. «Zeugnisse, Lebenslauf, Fotos.»

Auf dem Etikett der Mappe stand in Schönschrift «Bewerbungsunterlagen Michael Köhler». Ich sah ihn an. Die Angsttropfen auf seiner seltsam schiefen Stirn und der Schweiß in seinen kalten Froschhänden. Er wollte einen Job. Und zwar hier, im Bestattungsgewerbe, im Beerdigungsinstitut Weiß.

«Bewerbung?» Ich hatte meine eigene Stimme wieder.

«Ja, Sie haben gesagt, es wird was frei bei Ihnen.»

Er wollte wirklich hier arbeiten. Er traute sich ganz offenbar zu, genau das zu können, was ich konnte. Beistand. Ich malte mir aus, wie dieser aufgeregte Typ mit Frau Ringier gesprochen hätte: «Frau R, Frau Ri-ri, mein B, mein Bebebebe, mein Bebebe-bebeileid.»

Ich blätterte durch seine Zeugnisse. Deutsch 1, Bio 1, Mathe 2, Sport 2 ... Mit solchen Noten hätte mich der Schulmob mit dem Bunsenbrenner bis ins Mädchen-WC gejagt und mir da mit einer Klobürste die Zähne geputzt. Gut, das tat er auch so, aber mit diesem Zeugnis hätte es einen verständlichen Grund gegeben.

«Religion eine Drei?»

«Ja, mündlich hatte ich eine Zwei, aber bei den Klassenarbei-ten ...»

«Eine Drei in Religion geht gar nicht», sagte ich. Köhler begann wieder zu zittern.

«Ruhig Blut», sagte ich. «Trinken Sie etwas.»

Er klapperte mit den Zähnen auf dem Glas.

«Lippe dazwischen!», rief ich ihm zu. Er schob seine Unterlippe zwischen Glasrand und Zähne und trank. Was für ein Arschloch, der Vogel, wie er sich mit einer wohlriechenden Mappe hier reindrängen wollte, in ein würdiges Unternehmen, in dem man mehr draufhaben musste, als fies rumzuschleimen.

«Eigentlich hätte ich eine Zwei verdient gehabt», meinte Köh-ler, als er das Glas absetzte.

«Weiß ich jetzt nicht. Hier steht Drei.»

Ich betrachtete die elektrisch aufgeladenen Einzelhaare, die über seinem Kopf zu schweben schienen. Ich hätte sie ihm gern mit einem Feuerzeug weggebrannt.

«Religion ist für unser Gewerbe das wichtigste Fachgebiet», erklärte ich und nahm Herr Weiß' Kruzifix von der Wand: «Was ist zum Beispiel das?»

«Ein Kreuz.»

«Falsch.»

«Ein Kruzifix?»

«Falsch.»

«Äh … Jesus?»

«Genau. Jesus Christus. Wir sagen nicht Leiche, wir nennen ihn beim Namen. Sie können jetzt gehen.»

**9**

## Grünspan und Schimmelpilze

Eine halbe Stunde nach Feierabend zeigte mir Thorsten nochmal die Strecke zum Puff und malte mir einen Plan für den Rückweg auf einem Kassenbon auf. Er musste zum Basketball und konnte nicht mit rein.

Ich stand allein vorm «Club Jasmin». Wäre das hier ein PC-Game gewesen, hätte eine simple Tastenkombination genügt: Hyperventilation off. Wöllner Safe Mode. Stattdessen die warme Hausabluft. Ich sog den Maggi- und Vanilledunst ein, der mich sofort an gestern erinnerte und mich fast durchdrehen ließ. Irgendwo darin versteckte sich *ihr* Duft. Die Glühbirnen hinter der Fensterscheibe warfen rotes Licht auf den Gehsteig. Beruhige dich, Herzklappe, beruhige dich, Herzeinstrombahn- und ausstrombahn. Ihr habt schon ganz andere Actionfilme gesehen. Zum Beispiel *Uwe, stell dich aufs Snowboard, Uwe, schluck's runter* oder *Uwe, du zuerst.*

Ich klingelte. Der Summer. Ich trat in den Hausflur.

Ihr dunkler Kopf erschien wieder im Eingang. Ursula trug heute ein weißes Halstuch.

«Ach, Uwe», krächzte sie.

«Ursula? Bist du's?», sagte ich aufgeregt.

«Jaha ...», sang sie.

«Hast du Mumps?»

Ursula schneuzte sich und schüttelte den Kopf.

«Erkältet ... Hab grad Gulasch fertig.»

«Ich hab leider keinen Hunger.»

«Oh. Na guck einer an. Du willst ein Mädchen.»

«Strike.»

Bevor ich mehr sagen konnte, nahm Ursula mich an der Hand und führte mich gewaltigen Schrittes in ein kleines Zimmer mit lila Wandfarbe, Ölmalereien und einer roten Lavalampe. Schummrige Beleuchtung. Die Fenster waren verhangen. In der Ecke stand ein breiter rosafarbener Ohrensessel. Ich setzte mich. Meine Beine zitterten. Ursula schrie durch den Flur:

«Vorstellungsrunde!»

Türen gingen auf und zu, Deoflaschen sprühten, Ursula rief Namen, und mein Puls näherte sich einem Presslufthammer. Harte Absätze klackten auf dem Flur, klackten sich näher an mich heran. Die Tür zu meinem Puffzimmer ging auf.

*Sie* war es nicht. Diese Prostituierte war viel kleiner. Viel dicker. Birnenförmig. Sägespanfarbene Haare. Puppenrunde Augen. Sie lief einen Halbkreis vor mir und zeigte mir ihren Hintern. Der war ziemlich breit und käsig. Aber sie selbst sah freundlich aus. Wie eine Angestellte bei «Danningers Presse, Tabak und Jagdmunition» in Garbsen. Sie drehte sich zu mir und lächelte.

«Agneta.»

«Entschuldigung», sagte ich leise.

«Wieso?», fragte die Nutte.

«Ich möchte nicht mit Ihnen schlafen.»

«Ist gut. Es kommen noch sechs Mädchen.»

«Du fühlst dich also nicht getroffen?»

«Nein.» Sie schaute irritiert.

«Es ist nicht wegen deines Hinterns.»

Sie wandte sich zur Tür.

«Sei also nicht verletzt», rief ich ihr nach.

Es klackerte auf dem Flur, und sogleich kam eine neue Anwärterin herein, die wie die jüngere Schwester von Ursula aussah: eine muskulöse Schwarze mit hellrosa Zunge, die sie langsam über ihre Lippen gleiten ließ. Das hier war wie ein Spiel, das ich anpfiff und abpfiff und bei dem ich die Gewinnerin kürte. Mir wurde etwas leichter ums Herz, ich begann sogar, die Stimmung zu genießen und auch ihr Vortanzen wie vor König Drosselbart. «Uwe sucht die Supernutte.» Ich musste innerlich lachen – um das äußerlich hinzukriegen, war ich noch zu nervös. Die Schwarze strömte beißend süßen Rosenduft aus und stellte sich vor.

«Livia.»

«Livio?»

«Pardon?»

«Wie das Öl? Livio?»

Sie war wohl Guayanerin. Französisch-Guayanerin. Kolonisierte südamerikanische Schwarze, im Rumpf eines Handelsschiffs mit Kokos- und Palmfett nach Europa gebracht. Sie verstand nur schwer und sah mich verwundert an.

«Livio. The Öl», erklärte ich.

«You want oil?», fragte sie. Scheiße jetzt. Vielleicht war das ein geheimer Code. Wer Öl in einem Bordell verlangte, meinte wahrscheinlich Dornenkranzsex, oder es bedeutete In-den-Mund-Pinkeln-Lassen.

«No, Öl, Livio, your name, wie the Speiseöl.»

Sie überlegte einen Augenblick. Dann schien sie den Gedanken fallen zu lassen und bewegte einfach ihre Hüften wie in einem imaginären Hula-Hup-Reifen.

«No», sagte ich.

«No dance?»

«No. No fuck. Sorry.»

Sie sah mich erstaunt an. Aber Regeln sind Regeln. Agneta war ja prima mit Kritik umgegangen.

«No fucki?», fragte sie und setzte sich ungefragt auf die Sessellehne. Ihr Knie schob sich an meinem Bein aufwärts, drängte sich zwischen meine Oberschenkel und berührte meinen Penis, der sich senkrecht wie ein Fahrradhörnchen einen Weg durch den Urinalschlitz der Unterhose gesucht hatte und mit der Spitze am Reißverschluss der Jeans rieb.

«Au», sagte ich.

«You sick?», fragte sie.

«No, no», sagte ich, und jetzt fühlte sich die Situation bedrohlich an. Schwarzafrikanerin hin oder her, ich mochte sie nicht, sie verstand die Spielregeln nicht. Sie wollte es um jeden Preis. Vielleicht, schoss es mir durch den Kopf, nahm sie mich gleich mit Gewalt. Quatschgedanke. Wegschieben. Aber rein theoretisch, wer würde mir glauben? Sie war stark genug, mich zwischen ihrem massigen Bizeps und ihrem Unterarm zu ersticken. Außerdem trug sie gehörig Lippenstift. Das fand ich zu vulgär.

Ich öffnete meinen Gürtelbeutel:

«Twenty Euro.»

Sie lachte schrill.

«No, sixty, mein Schatt. For halbe Stund», sagte sie.

«Twenty Euro and no fuck», bat ich.

Sie nahm den Schein.

«Quickie?»

«No, no.»

«Dann es sind sixty Euro.»

«No! I give you twenty und you do not.»

«What?»

«No fucking, please», sagte ich bestimmt.

Sie runzelte die Stirn und nahm den Schein. Ich atmete aus. Sie grinste mich nochmal an und verschwand hinter der Tür. Diese Spielrunde war vorbei. Ich fühlte mich erpresst. In den nächsten Sekunden ging es mir nicht so gut. Die Luft, bemerkte ich, war nicht besonders sauerstoffreich, jemand könnte mal das Fenster auf Kippe machen. Überhaupt wäre frische Luft das Beste, eine gemütliche Runde durch den Park, ich könnte später zurückkommen.

Die Tür ging wieder auf. Wie das Fernlicht eines entgegenkommenden Wagens schoss mir ihr Bild in die Augen, ich kniff die Lider zusammen. Ich roch sie. Frische Vanillekipferl. Adventszeit. Bratäpfel mit Zucker und Zimt. Ich atmete ein – zwo, drei – und aus und sah sie an. Ihr Gesicht war so gleichmäßig zwischen die Haarsträhnen gegossen wie das einer Puppe. Sie schwebte herein.

«Hallo, Uwe.»

Sie kannte meinen Namen noch.

«Hallo.»

«Ich habe gehofft, dass du wiederkommst.»

«Ich auch.»

Sie lief keinen Halbkreis, streckte mir nicht ihren Hintern ent-

gegen, ihre Zunge blieb hinter einer Reihe ultraweißer Schneidezähne versteckt. Sie sah mich nur an.

«Ich heiße Malina.»

«Tag, Malina.»

«Du siehst müde aus», sagte sie ruhig.

«Ja, ich glaube, ich werde bald krank.»

«Hast du Lust?»

«Was kostest du?»

Sie blickte mich an.

«60 Euro für eine halbe Stunde.»

Eine halbe Stunde, rechnete ich, 60 Euro. Eine Stunde 120
Euro. Ich hatte 77 Euro und 44 Cent in meiner Gürteltasche. Das
wären eine halbe Stunde und etwa 8,5 Minuten. Drei Stunden
würden 360 Euro kosten. Sechs Stunden 720 Euro. Zwölf Stunden 1440 Euro.

In etwa so viel Geld hatte ich auf meinem Girokonto. Ein Tag
und eine Nacht betrügen 2880 Euro. Eine Woche etwa 20 000
Euro. Ein Monat 600 000 Euro, mehr als eine halbe Million. Ein
Jahr 72 Millionen Euro. Zirka. Ein Jahrzehnt mit dieser Frau 720
Millionen Euro. Fünf Jahrzehnte, der Rest meines Lebens, wenn
alles gut ging, drei Milliarden und 600 Millionen Euro. Dafür
würde ich mir Google kaufen können. Doch das wahre Glück
wäre eine Investition in Malina, die rumänische Sozialtherapeutin im Nuttengewand, die tausendmal mehr Klasse hatte als jede
Collien Fernandes.

«Woran denkst du?»

«An die Preise.»

«Du kannst auch einen Quickie nehmen, ist nur Französisch
für 25 Euro.»

In den drei Milliarden Euro und 600 Millionen war sicher noch kein Küssen enthalten. Küssen kostete extra. Und mit Zunge nochmal extra. Ist so. Hatte ich mal bei *AKTE 08* gesehen.

«Was kostet ein Kuss?», fragte ich.

Sie trat lächelnd einen Schritt auf mich zu. Jetzt war sie ganz nah. Sie trug kaum Make-up. Dann legte sie die Hände auf meine Schläfen, sah mir in die Augen, senkte ihren Kopf, ihre Haut war lupenrein, und gab mir langsam einen Kuss. Einen echten. Einen ganzen. Ihr Mund war warm. Ich spürte ihre Zunge. Klein war sie. Und real. Ich ließ schlagartig von ihr ab.

«Ich habe noch nichts gebucht», sagte ich hektisch.

Sie legte den Kopf schief.

«Ich bin doch kein Hotel.»

«Aber prostituiert.»

Sie wischte sich eine Haarsträhne aus der Stirn. «Der Kuss war umsonst.»

«In echt?»

«Du hast noch nichts gebucht.»

Mochte sie mich? Sie wirkte so ernst. Ihr Blick war schnurgerade. Er ließ mich nicht los. Ich hielt ihr meine 77,44 Euro hin.

«Was bekomme ich dafür?»

Sie lächelte. «Mich.»

«Wie lange denn?»

«So lange, bis du zufrieden bist.»

«Und wenn ich erst in einer Woche zufrieden bin?»

«Du wirst sehr schnell zufrieden sein.»

«Und wenn ich noch nie in meinem Leben zufrieden war und gar nicht weiß, wie sich das anfühlt, und ich dir deshalb gar nicht sagen kann, wann ich zufrieden bin?»

«Das glaube ich nicht», sagte sie sicher.

Sie nahm das Geld an sich. Wir waren handelseinig. Sie öffnete den Wandschrank, zog ein großes Handtuch hervor, legte es auf das Laken, nahm ein Kondom aus einer Porzellanschale auf der Kommode und warf es dazu. Sie machte das geschickt. Wie Mama mein Bett machte. Wie Karin eine Sargmatratze zurechtlegte.

Ich müsste mich jetzt ausziehen, bedeutete sie mir. Schnell riss ich meinen Reißverschluss auf und befreite mich von der Jeans. Knöpfte das Hemd auf und ließ es zur Hose auf den Sessel fallen. Zog meine Unterhose runter, streifte die Socken von den Füßen und warf mich rücklings auf das Bett, nackt, mit den Armen nach oben, wie beim Toter-Mann-Schwimmen.

«Du bist aber fix.»

«Die Zeit rennt», sagte ich.

Sie musterte meinen nackten Körper und legte sich neben mich.

Dann legte sie ein Ohr auf meine Brust.

«Dein Herz», sagte sie, «es rast.»

Alles wurde schwarz. Gleich legte ich womöglich eine plötzliche Ohnmacht hin, einen Aussetzer, einen Purzelbaum ins Nichts. Aber wenn, sollte es eine besondere Synkope sein, eine Kunstsynkope, direkt vor ihren Augen. Anscheinend interessierte es sie gar nicht, dass ich nackt war. Dass mein Penis steif in Richtung des Rauchmelders über mir zeigte.

«Magst du anal?», fragte sie und fuhr mit ihren Fingernägeln zärtlich über meine Brustwarzen.

«Wieso? Magst du das?»

«Kommt drauf an.» Sie lächelte. «Willst du es ausprobieren?»

«Weiß nicht, hab ich noch nie gemacht.»

«Sind bloß 30 Euro extra», erklärte sie. In Pornos fand ich Analverkehr immer ganz cool, so zum Zugucken. Das sah abgefahren aus, und die Frauen kreischten dann immer am besten und so laut, dass ich den Ton leiser drehen musste, damit Mama und Papa nichts hörten. Aber mein eigenes Glied tatsächlich in den sehr engen Anus einer Frau einzuführen, das konnte ich mir beim besten Willen nicht vorstellen. Ich hatte eine sehr empfindliche Eichel. Ihr hingegen schien etwas an anal zu liegen.

«Oder wenn du mir einfach nochmal 60 geben magst, können wir eine Stunde machen, und da ist alles mit dabei.» Sie strahlte mich an.

«Blöderweise hab ich echt keine Kohle mehr am Mann jetzt.»

Sie küsste meine Wange. «Kein Problem. Wir können die anderen Dinge ja nächstes Mal ausprobieren.»

Ich mochte ihre Stimme. Malina saß nun im Schneidersitz neben mir auf dem Bett und öffnete ihren Büstenhalter. Die zwei goilsten Brüste der realen Welt wurden sichtbar. Doch ich sinnierte über ihren abgefahrenen Akzent aus Rumänien. Aber natürlich mochte ich auch diese wahnsinnigen, normal großen Glocken. Am perfektesten wäre es, mit ihr zu sprechen und ab und zu auf ihre Titten zu glotzen. Abwechselnd sprechen, Titten, sprechen. Und miteinander schlafen. Ruhig mal anal testen, wenn sie das unbedingt wollte, na gut. Und dann wieder sprechen.

«Hast du Angst?», fragte sie.

Ich war fasziniert von ihrem Mund, der das Wort «Angst» aussprach. «Angst», das klang auf einmal wie «Zuckerwatte».

«Manchmal, ein bisschen.»

Sie küsste meinen Bauch.

«Mach die Augen zu.»

Ein Wort von ihr genügte, und meine Augen fielen zu. Ich spürte ihren Mund auf meinem Bauch, an meinen Hüften, auf meinem Penis. Wenn mich nicht alles täuschte, war das Französisch total. Egal, dachte ich, und «bis du zufrieden bist». Eigentlich war ich das schon jetzt. Aber ich sagte nichts. Ihre Lippen an meinem Penis. Um meinen Penis. Und dann dachte ich nichts mehr. Ich sah nur orangefarbene Punkte kleiner und größer werden. Sonst nichts. Ein roter Punkt, zwei lilafarbene Punkte, Milliarden von gelbgrünen Punken. Und als ich die Augen wieder öffnete, hatte ich auf ihren Hals ejakuliert. Sie stand auf und wischte sich meinen Erguss mit einem Stück Wischpapier weg, das sie von einer griffbereit neben dem Bett stehenden Haushaltsrolle abgerissen hatte.

«War keine Absicht.»

Sie machte einen Luftkuss und streichelte mir über die Brust. «Du hast ganz weiche Haut», sagte sie. Mir wurde heiß und kalt. Sie fuhr mir über den Kopf. Ich war über das gewohnte Maß hinaus zufrieden. Bis hierhin hatte ich definitiv bezahlt. «Du bist wirklich lieb ...», flüsterte sie. Malina zog ihr durchsichtiges Teil wieder an. Ich blieb auf dem Bett sitzen und sah ihr dabei zu.

«Kennst du *Ghostbusters*?», fragte ich.

«Was ist das?»

Ich war enttäuscht. Ich hätte schwören können, dass sie auf *Ghostbusters* stand. Sie war der Typ dafür. Der musste doch auch in Rumänien gelaufen sein. *Ghostbusters* war nach *Didi – Der Doppelgänger* mein Zweitlieblingsfilm. Vielleicht kannte sie ihn, wenn ich aus ihm zitierte:

«Da gibt's die eine Szene von Janine und Sprengler, die ist goil! Kennst du?» Kannte sie nicht. Ich sprach sie ihr in verteilten Rollen vor, so wie Gerd und ich uns nächtelang *Ghostbusters*-Dialoge vorgesprochen hatten.

«Total zum Sichwegwerfen, pass auf. Also, Janine sagt zu Sprengler: ‹Sie sind sehr geschickt mit den Händen, wie ich merke...›»

Malina lachte gellend auf und nahm das Handtuch vom Bett.

«Nee, warte, das Lustige kommt noch», fuhr ich fort. «Janine so: ‹Haben Sie irgendwelche Hobbys?› Und Sprengler: ‹Ich sammle Sporen, Grünspan und Schimmelpilze!›»

Ich schlug mit der flachen Hand aufs Bettlaken und lachte so ausgelassen wie seit tausend Jahren nicht mehr. «Das ist mein Lieblingsgag im ganzen Film», gluckste ich. Ich glaube, Malina erschrak erst ein wenig, weil ich beim Lachen etwas Speichel verlor, aber schließlich stimmte sie mit ein, und wir beide gackerten wie die Hühner aus *Chicken Run*.

Schlagartig erstarrte ich und machte dasselbe erschrockene Gesicht wie Bill Murray in einem entscheidenden Moment. Malina stockte. Dann stellte ich mich aufrecht aufs Bett.

«Hört nur, ich rieche was!», sagte ich sehr ernst. Sie sah mich erstaunt an.

«O Scheiße, es ist der allseits beliebte Marshmallow Man!», schrie ich und sprang vom Bett. Meine Arme wurden zu einem Protonenstrahler, mit dem ich auf den Wandschrank schoss. «Brrrtffffffsssst!» Wieder warf ich mich weg – und wieder erstrahlte auch Malinas Gesicht, und sie ließ ihre zarten Lachfältchen tanzen. «Auch gut, ne?» Sie nickte eifrig.

Ich spielte den halben Film nach, mal war ich ein Ghostbuster, mal ein Monster. Ich vergaß, dass ich nackt war, spürte nicht, wie mein Pimmel bei jedem Geisterjagd-Move hin und her schlackerte. Ich wusste nur, dass ich vor der schönsten Prostituierten der Welt stand, ihr meinen Zweitlieblingsfilm vormachte und sie mir fasziniert zusah.

«Hast du eine Freundin?», fragte sie plötzlich.

Ich schluckte. Das war eine Geburtstagsfrage. Am Geburtstag von Papa oder am ersten Weihnachtsfeiertag, wenn die Verwandtschaft bei uns aufschlug, wartete ich nur auf diese Frage. Als ich sechzehn war, kam sie zum ersten und mit siebenundzwanzig zum letzten Mal. «Fast» war meine Antwort meistens.

«Fast.»

«Was heißt ‹fast›?», fragte Malina.

«Ist noch nicht in trockenen Tüchern», erklärte ich.

Es klingelte. Malinas Wecker, den sie vor einer halben Stunde aufgezogen und unters Bett gestellt hatte.

«O Gott, ich hab die Uhr vergessen.» Malina blinzelte mir zu. Ich sprang auf, zog mich hastig an und schritt zur Tür. Sie hielt mich am Arm, ich drehte mich um.

«Ich mach dann hier drinnen noch Klarschiff. Schau bald wieder vorbei, ja?» Sie gab mir einen Abschiedszungenkuss.

Ursula lächelte über beide Ohren, während sie mich zum Ausgang führte.

«Ich habe ihr auf den Hals gespritzt», sagte ich.

Ursula zog die Augenbrauen hoch.

«Schön, Uwe.» Sie öffnete mir die Tür zum Treppenhaus. «Wann kommst du wieder?»

«Die Frage, Ursula, ist», sagte ich und stemmte die Arme in die Hüften, «wann ihr morgen wieder aufmacht.»

# 10
## Menschenskind!

Das Schwarze Meer, rumänische Braunbären, das Bukarester Königsschloss, Nicolae Ceauşescu. Es war der Samstagmorgen danach, mein T-Shirt roch noch immer nach Vanille und Maggi, und ich druckte seit sieben Uhr Bilder und Texte aus dem Internet aus. Es klingelte. Ich rannte zur Tür, öffnete und hechtete zurück an meinen PC. Thorsten schlenderte ins Zimmer und warf mit triumphierender Geste «Splinter Cell – Double Agent» auf die Computertastatur und meine Fingerknöchel. «Bock?»

Ich nahm ein frisch bedrucktes Blatt aus dem Druckerfach und hielt es Thorsten vor die Fresse.

«Kannst du mich abfragen?», bat ich ihn.

Er sah missmutig auf das Papier und verzog das Gesicht: «*Lua* – fassen. *Creion* – Bleistift …? Was soll das denn für 'ne Scheiße sein?»

«Ist Rumänisch von vokabeln.de!»

«Alter, das geht gar nicht. Komm, lass uns ‹Splinter› spielen!»

«Ach, abballern, abballern, abballern … Man kann doch auch mal eine Fremdsprache lernen, du Nase. Los, frag mich ab.»

Thorsten lüllte einen langen Spuckefaden auf den Zettel mit den Vokabeln, zerknüllte ihn und kickte die Papierkugel mit dem Knie gegen das Fenster.

«Das find ich jetzt echt eklig.»

«Ich wollte dich eigentlich auch um 'nen Gefallen bitten», sagte Thorsten freundlicher.

«Und zwar?»

«Kann ich heute bei dir übernachten?»

«Übernachtung ist gerade heute eher schlecht...»

«Können vielleicht noch 'n paar Freunde mit bei dir übernachten?»

«Ich wollte eigentlich ins ‹Jasmin›...»

«Sind vier Leute okay?»

«Vier?»

«Und zwei Mädels.»

«Nur wenn du mich Vokabeln abfragst.»


Wir spielten dann den ganzen Tag «Splinter», zwischendurch bestellten wir Pizza. Als es gegen neunzehn Uhr schellte, sprang Thorsten zur Tür: «Das ist bestimmt Elena!»

Es war nicht nur Elena, ein hellblondes, aufgekratztes Mädchen mit Heavy-Metal-Shirt, sie hatte auch ihren kleinen Bruder dabei, den rothaarigen Marcus, der sich neugierig umsah. Beide führten ähnlich dicke Nasen im Gesicht, sahen aus wie Tapire. Hinter ihnen im Hausflur standen David, ein ziemlich großer, braungebrannter Typ mit Barcelona-Trikot und Sonnenbrille; Murat, ein kahl geschorener, sehr kleiner muskulöser Junge in Hip-Hop-Hosen; Janna, bauchfrei und bleich, sah aus wie die weibliche Version von Mr. Burns aus den *Simpsons*, und Johannes Radlinger, den alle nur Radlinger nannten und der einen monströs großen Kopf hatte mit hervorstehender Stirn und eine leuchtend braune Adidas-Jacke trug. Sie waren so zwischen dreizehn und fünfzehn.

Wie gierige Spatzen im Straßencafé verteilten sich alle in Sekunden auf Matratze, Schreibtisch und Fensterbank. Thorsten lief einmal rundherum und klatschte alle ab wie ein richtig cooler Eishockeyspieler nach der Auswechslung. «Tee», nannten sie ihn. Tee wie in Tee-Bone-Steak. Ich machte es ihm nach. «Uwe Wöllner», «Uwe Wöllner», «Uwe Wöllner», stellte ich mich jedem Einzelnen vor, und sie schlugen mir nacheinander auf die ausgestreckte Hand. Alle gackerten, sprachen aufgedreht durcheinander, grunzten, stießen sich an, drehten Zigaretten und gaben sich Feuer oder boxten sich ohne Unterlass gegenseitig in die Bäuche und lachten dabei abgefahren.

«Ja, freut mich, dass ihr alle hier seid. Das ist meine Wohnung. Bin grad eingezogen. Wollt ihr Bockwürstchen?», eröffnete ich meine erste eigene Party. Niemand hörte mich. David hatte eine Flasche Jelzin aus seinem Rucksack gezaubert, und die Meute johlte wie nach einem Fußballtor. Murat steuerte einen Tetra-Pack O-Saft bei, worauf das Gejubel weiterging und Thorsten in die Küche rannte. Ich lief ihm nach.

«Die sind gut drauf», gratulierte ich ihm zu seinen Freunden.

Thorsten riss all meine leeren Küchenschränke auf: «Hast du keine Gläser?»

«Zahnputzbecher im Bad.»

«Urgh … Lass ma stecken.» Er schmunzelte und klopfte mir auf die Schulter.

Der Jelzin ging rum. Janna und Elena verzogen die Gesichter

nach kräftigen Schlücken direkt aus der Flasche. Die Jungs kippten sich das Zeug lässig in den Rachen. Radlinger hatte unterdessen eine Black-Eyed-Peas-CD in den PC geschoben und drehte meine Computerboxen bis zum Anschlag auf. «Kein Problem, mein PC steht euch selbstverständlich gern zur Verfügung», rief ich Radlinger ins Ohr. Er reichte mir freundlich die Jelzin-Flasche und haute sich neben die Mädels auf die Matratze. Ich gab Murat den Wodka und trank nur das Fruchtsaftgetränk zum Mischen. Es war erst kurz nach neunzehn Uhr. Im Hellen trank ich keinen Alkohol. Der war für die düsteren Stunden im Leben vorgesehen. Wenn es stockfinster wurde, schenkte man sich ein feines Gläschen ein. Gut, das hatte ich jetzt selbst noch nie gemacht, aber dennoch.

Das Gackern und Grunzen wurde lauter, und dazu wippten nun alle im Takt des kratzend dröhnenden Musiksounds. Marcus verteilte Crunchy Chips mit Schinkengeschmack. Janna war aufgestanden, die Arme hinterm Rücken verschränkt, und ließ mit verschlossenen Augen ihren Kopf zum Rhythmus vornüber baumeln. Das sah goil aus. Blitz. Radlinger schoss Fotos. Der Zigarettenqualm wurde dichter. Murat machte abgefahrene Dance-Moves vor, Marcus applaudierte. Ich öffnete das Fenster, schaute eine Weile in die coole Gemeinschaft und genoss, dass alle auf meiner Party so abgingen. David hielt kreischend eine Flasche Kümmel und eine Flasche Nusslikör wie Trophäen in die Luft, und Elena steckte ihm ihre Zunge in den Hals. «Das ist ja cool», rief ich ihnen zu, «seid ihr verliebt?» In diesem Moment verstummten die Boxen. Sie waren durchgebrannt, ich war mir sofort sicher. Marcus begann an den Kabeln herumzufummeln.

«Scheiße ...»

«Was soll der Kack?»

«Mach wieder an!»

Die Stimmung drohte zu kippen.

«Wir können doch Scharade spielen!», brüllte ich in die enttäuschte Runde. Plötzlich war es still. Alle sahen mich an. «Kennt ihr nicht? Scharade? Einer macht ein Wort vor, ohne was zu sagen, und die anderen müssen es raten. So zum Beispiel ...» Ich tippte mir übertrieben auf die Brust, krallte beide Hände um meinen Hals, wand mich heftig und röchelte, als würde ich ersticken. Danach kippte ich meinen Kopf mit weit aufgerissenen Augen auf die Schulter und ließ meine Zunge raushängen. «Das gesuchte Wort wäre jetzt ‹Selbstmord›. Versteht ihr?»

Die Menge schwieg mit offenen Mündern und schaute ratlos. Radlinger rülpste. Ich wollte ihnen das Spiel nochmal verdeutlichen, da fragte David: «Tee, woher kennst du den nochmal?» Jetzt waren alle Blicke auf Thorsten gerichtet. «Ähm, ja, wir ...»

Ich sprang ein: «Wir haben uns im Aufzug kennengelernt und mochten uns auf Anhieb. Also, wir unternehmen seither viel, weil wir dieselben Hobbys abgefahren finden. Na ja, wir sind noch nicht beste Freunde, aber fast, also wir sind schon supergute Freunde, total, und in zwei bis drei Monaten, schätze ich, werden wir richtig beste Freunde sein ...»

«Ooooch, beste Freeuuunde, wie süüüüß», schrillte Murat, machte eine abknickende Handbewegung wie der weibische Indianer aus *Schuh vom Winnetou* oder wie das hieß und tätschelte Thorsten am Po. Alle kicherten. Ich raffte den Gag nicht. Radlinger hauchte Thorsten einen Luftkuss zu und grinste. Thorsten sah auf den Fußboden.

«Na ja», erklärte ich, «beste Freunde ist man ja erst, wenn man es sich gegenseitig gesagt hat. Bisher hab ich es noch nicht gesagt und Thorsten auch nicht. Ich denke aber fest...»

«Uwe sammelt benutzte Lippenstifte von fremden Frauen!», preschte Thorsten dazwischen. Das Restgekicher versiegte schlagartig. «Echt, das ist so krank», redete Thorsten mit angewidertem Gesichtsausdruck weiter. «Uwe schleicht sich immer in Frauenklos und wühlt im Müll nach alten Lippenstiften. Hat er mir selbst erzählt! Dann legt er sich damit in die Badewanne, malt seinen Schwanz an und wichst sich einen...»

«Iiiiiih!» Elena schlug sich die Hände vors Gesicht. Die anderen machten ähnliche Gesten und Geräusche.

«Echt jetzt?», fragte Janna, starrte mich an und rümpfte die Nase, als hätte einer spontanen Durchfall gehabt.

Ich sah irritiert zu Thorsten. «Das ist ja wohl zehn Jahre her, Thorsten, und das hab ich dir im Vertrauen erzählt!», rief ich.

Und nun gab es kein Halten mehr. Die Truppe gab sich einem atemlosen Wechselspiel aus Lachkrämpfen und überdrehten Ekelbekundungen hin. Auch Thorsten lachte und klatschte mit Murat ab. Ich grübelte, wie Thorsten ausgerechnet jetzt auf meine Lippenstift-Phase kam. Ich berichtete ihm neulich davon, als er seine Butterflymesser-Kollektion dabeihatte und wir allgemein über Sammelhobbys sprachen. Da fand er das kein Stück unappetitlich. Jetzt wich er meinen Blicken aus. Um uns das Meer aus Gelächter.

«Also, was ist jetzt mit Scharade? Wer macht mit? Wer hat Lust?» Ich unternahm einen zweiten Anlauf. Wenigstens war die Stimmung wieder obenauf.

«Is klar, Scharade», rief David. «Ich fang an! Was ist das?» Er legte sich auf den Rücken, fuhr mit der linken Faust emsig über seine Lippen und deutete mit der rechten Hand Onanie-Gebärden über seinem Schoß an. Das allgemeine Gefeixe erhielt einen neuen Höhepunkt. So konnte man das Spiel natürlich nicht vernünftig durchziehen, wenn sich alle nur beömmelten und keiner einen Begriff nannte.

«Ich glaub, ich trink mich voll», rief ich. «Die Sonne geht gleich unter!» Ich setzte die Flasche Nusslikör an und ließ eine teelöffelgroße Menge auf meine Zunge gleiten. Es sah niemand zu. Es schmeckte widerlich.

«Geil! Guckt mal, wie der hier aussieht!» Ich drehte mich um. Murat hatte die Schreibtischschublade durchstöbert und hielt meinen Personalausweis in die Luft, auf dessen Passbild meine Brille leicht verrutscht war und ich die «Anweisungen für den Passbildautomaten» über der Linse studierte.

«Darauf siehst du aus wie ein Rührei, Uwe», gluckste Elena.

«Nee, voll wie ein Behindi», meinte Murat.

«Finde ich nicht», entgegnete ich. «Das war ein alter, kaputter Passbildautomat...»

«Ich hab gar nicht gewusst, dass du einunddreißig bist», wunderte sich Marcus.

«Bin ich.» Ich kippte einen weiteren Schluck Likör.

David machte den Kümmel auf. «Was? Ich dachte, du bist einundzwanzig oder so.»

«Nein, einunddreißig.»

«So alt wie mein Vater», staunte Radlinger.

«Warum hast du keine Frau und kein Haus?» Janna wollte das wissen.

Ich sah Thorsten an, der nur mit den Achseln zuckte, dann

Murat. Ich wollte ihm meinen Ausweis wegnehmen, aber er warf ihn zu Elena, die mich von sich wegdrückte.

«Du bist einunddreißig und machst mit uns Party? Mit Saufen und allem?», hakte sie nach.

«Den Alkohol hat David mitgeführt!» Ich nippte erneut.

«Stell dir mal vor, es kommt ein Polizist vorbei!», rief Murat.

Janna überlegte: «War das nicht so ähnlich bei Michael Jackson?»

Ich war froh, dass genau jetzt mein Telefon klingelte. Leider lag das schnurlose Endgerät direkt neben Radlinger auf der Matratze. Er hob das fiepende Teil hoch und betrachtete das blinkende Display: «Was'n das für 'ne Nummer? 05131-442540?»

Ich sprang auf ihn zu. Ich musste ihm den Hörer entreißen. 05131 Garbsen. 442540 Wöllner. In mein Gedächtnis gebrannt wie mein Geburtstag. Ich konnte die Nummer gurgeln und in den Schnee pinkeln. Elena klammerte sich um mich. David hielt mich an den Beinen fest. Noch ein Klingeln.

Radlinger grinste. Er hielt das Telefon direkt vor seinen riesigen Kopf und führte seinen Zeigefinger ganz langsam in Richtung grüner Gesprächsannahmetaste. Janna biss in mein Kopfkissen. Marcus und Murat hielten sich meine Bettdecke vor ihre Gesichter. Gedämpftes Gackern war zu hören. Wieder das Klingeln, dann war es ganz still. Es machte Piep. Radlinger hatte auf Grün gedrückt.

«Uwe ... Dings, hier, äh ... Wöllmers», sagte er ins Telefon und versuchte, meine Stimmlage zu treffen, was ihm tatsächlich ein bisschen gelang. Er klang wie ich, wenn ich einen Hauch aus einem Heliumballon eingeatmet hatte. Radlinger aktivierte die Lautsprechertaste, hielt das Telefon hoch und warf seinen

Kopf auf die Matratze, um eine kurze Lachsalve loszuwerden. Ich rührte mich nicht mehr. Schweigen. Das leichte Rasseln in Papas Atem, sein Abendrasseln.

«Uwe?», fragte Papa unsicher.

«Genau», sagte Radlinger.

Wieder ein langes Schweigen.

«Hier ist Papa.» Er räusperte sich. «Herr Weiß hat sich letzte Woche gemeldet, wie Gerd dir wohl schon berichtet hat.»

«O ja, ja, ja, der Weiß, o ja.» Radlinger kniff die Lippen zusammen, um sein Lachen zurückzuhalten. Ich hielt den Atem an.

«Es gab wohl ein paar Unstimmigkeiten. Ich denke, wir konnten darüber hinwegkommen ... Uwe?»

«Ja?», japste Radlinger.

«Das Problem ist, dass mich Herr Weiß gestern Abend erneut um ein Telefonat gebeten hat. Ich hoffe nicht, dass schon wieder etwas vorgefallen ist. Am Montag will er mit mir sprechen.»

«O ... ein heißes Gespräch?», fragte Radlinger schnell und hielt sich den Mund zu.

«Was?»

«Du bist doch selbst ganz heiß, Papa.» Sein Kinn begann zu zucken, und ein stimmloses Kichern platzte aus seinem Mundwinkel. «Du bist doch ein ganz heißer ... Typ, bist du doch, Papa!»

«Was soll das, Uwe? Wie redest du denn?»

«Wie redest *du* denn?»

«Uwe! Menschenskind! Du weißt, dass das vielleicht deine letzte Chance ist. Ich erinnere dich an die Molkerei.»

«Molkerei, o ja, dicke, geile Euter melken, du Heißer.»

«Uwe, bist du jetzt völlig ... Ich werde dich in die Pflicht nehmen, mein Lieber, darauf kannst du dich verlassen! Keine Clownerien mehr!»

«Ja, okay, keine Clownerien!» Radlinger bemühte sich um einen weinerlichen Tonfall.

«Gut, Uwe.»

«Papa?»

«Ja?»

«Fotzenkönig!», schrie Radlinger ins Telefon und presste die rote Taste unter einer gellenden Lachexplosion.

Ich atmete auf. Elena und David ließen mich los. Puls runter, Gedanken lösen. Werde dich in die Pflicht nehmen. Fotzenkönig. Abendrasseln. Herrn Weiß. Garbsen und Berlin flossen ineinander wie Wasserfarben zu einem bedrückenden Grau. Alle ließen ihren angestauten Lachwallungen inbrünstig freien Lauf. Sie heulten, krümmten sich, schrien.

«Clownerien», rief Murat, «keine Clownerien, du Heißer!»

«Uwe, mach mal Clownerien», fiepste Elena.

Ich stürzte elf Schlücke Nusslikör runter, rannte auf den scheiße feixenden Radlinger zu, holte aus, fixierte seine Visage, ballte meine Faust, hielt sie in der Luft, ließ sie wieder fallen, hob sie wieder an, sah in sein monstermäßiges Mondgesicht...

Das Telefon.

Wir hielten den Atem an, alle, auch Radlinger. Es klingelte zwei-, dreimal. Ich erblickte Thorsten auf meinem Schreibtisch. Er sah mich nicht an. Murat hielt mich am Fuß fest. Radlingers Hand näherte sich dem Telefon wie die eines am Boden liegenden Filmgangsters langsam seiner Pistole. Plötzlich sprang Thorsten auf, warf sich mit einem Satz vor die Telefondose an der Wand hinter der Matratze und riss den Stecker aus der Buchse.

Sie schliefen sehr spät ein. Erst Radlinger mit seinem schweren Kopf auf meinem Schreibtisch, dann David über Elena auf der Matratze, schließlich der Rest der Clique überall im Zimmer verstreut. Janna schnarchte am lautesten und verlor eine Menge Speichel auf meinem Kopfkissen. Nur Thorsten und ich waren noch wach. Angespannt saßen wir auf der Fensterbank und betrachteten die roten und weißen Lichterketten auf der Karl-Marx-Allee.

«Tut mir leid.»

«Was?»

«Tut mir leid», sagte Thorsten leise.

Irgendwann machte ich mich auf den Weg.

## 11

### Überkochte Koreanersynapsen

Ich kam vom Bürgersteig ab wie ein schlingernder Wagen im Schnee. Es war irgendwie super, so zu laufen, so zu fallen – wie Kurt Cobain fühlte ich mich. Die Häuser drehten sich wie alte Karussells auf einem verlassenen Kirmesplatz. Manchmal klopfte die Nusscreme sachte an meinem Rachen an, doch ich dachte an Gräber und Urnen und bekam das in den Griff. Weil kein Bus ging, lief ich zu Fuß. Betrunkene kamen mir entgegen, aber sie jagten mir keine Angst ein. Wie Schneeleoparden, die anderen Schneeleoparden begegneten, wussten sie ohne Augenschein, dass ich keine Beute war, sondern auch so ein Tier wie sie. Mir hätte kalt sein müssen, ich hätte außer Atem sein sollen, aber als ich vorm «Club Jasmin» aufkreuzte, fühlte ich mich wie nach einer Wanderung in der Lüneburger Heide: durchgelüftet, bereit, im Gasthaus einzukehren und endlich das Zigeunerschnitzel zu essen, für das ich diesen Weg auf mich genommen hatte.

Das Herz im Fenster blinkte. Für eine Nanosekunde hatte ich den Eindruck, nach Hause zu kommen.

Ich richtete meine Brille und klingelte. Zehn-, zwölfmal.

Nichts tat sich. Ich klopfte an die Fensterscheibe. 04:34 Uhr, hinter mir fuhr die erste Straßenbahn. Ich klingelte, patrouillierte wankend vor dem Haus, klopfte, schürfte mir die Haut an einem winzigen Nagel im Fensterrahmen auf. Ich setzte mich auf die Türschwelle und wartete. Ich legte mich hin.

Mein Cap löste sich von meinem Kopf, fiel Stufe um Stufe die Treppe hinunter.

Finger griffen die Mütze. «Uwe, du musst ein bisschen besser auf deine Sachen aufpassen.» Die Hand staubte den Berliner Straßendreck vom Visier.

«Ich weiß, danke, Mama», seufzte ich.

Mama reichte mir meine gesäuberte Kappe und setzte sich neben mich auf die Hauseingangsstufen.

«Es ist viel zu kalt, und du hast schon wieder nur deine Jeansjacke an», mahnte sie mich. «Krempel jedenfalls mal deine Hosenbeine runter. Du holst dir noch den Tod.»

«Das musst du gerade sagen.» Ich sah sie an. «Du mit deiner dünnen Strumpfhose. Außerdem sehen gekrempelte Hosenbeine viel goiler aus. Damit man die Sneaker besser sieht. Hab ich von Thorsten.»

Mama lächelte mich an. «Weißt du was, Uwi Baba, ich wusste, dass du allein zurechtkommst.» Sie strich mir über den Rücken.

«Mama, worauf achtet eine Frau bei einem Mann eigentlich am meisten?»

«Ein guter Mann muss das Herz am rechten Fleck haben und wissen, was er will. Ein bisschen Humor wäre auch nicht verkehrt.»

«Aber Aussehen ist doch auch wichtig. So Waschbrettbauch und Muskeln ...»

«Lass es dir gesagt sein, Uwe, ein Mann muss nur einen Fingerbreit schöner sein als der Teufel. Das reicht. Den Rest macht er mit seinem Charakter und mit seinem Charme.»

Mama fasste mit beiden Händen mein Gesicht und blickte mich lange an. Tränen stiegen in ihre Augen und wanderten rüber zu meinen.

«Willst du zu Malina?», fragte sie. Ich nickte. Ich beugte mich zu ihr und umarmte sie, so fest ich konnte. Die Lichter der Straße schwammen vor meinen Augen, rannen aus ihnen heraus, und dann konnte ich sie salzig auf meinen Lippen schmecken.

«Soll ich sie holen?»

«Ja.» Ich schloss die Augen und roch unser Waschmittel auf Mamas Wollpullover.

«Uwe, soll ich Malina holen?» Ich schlug die Augen wieder auf. Ursula streichelte mir über die Schulter. «Ihre Schicht hat gerade begonnen, also sag, willst du sie sehen?»

«Wie viel Uhr haben wir?»

«Gleich zehn, Uwe. Ich hab dich um halb sieben erfroren auf der Treppe gefunden.»

Ich atmete tief durch und wischte mir über die Augen. Es war das lilafarbene Schummerzimmer mit dem Ohrensessel. Ich lag auf dem Bett, eine Wolldecke umhüllte meinen Körper. Ich versuchte aufzustehen. Mein Steißbein funkte ein Signal ans Hirn und das Hirn eines zurück ans Steißbein. Ein Stechen durchfuhr mich, und ich sackte auf das Bett zurück.

«Bleib ruhig liegen.» Ursula ging.

«Hast du noch Alkohol?», rief ich ihr nach.

«Ist es dafür nicht etwas zu früh?» Der Duft von Adventszeit. Malina stand in der Tür und lächelte mich an.

«Ich hab gelesen, bei Kater soll man wieder Alkohol nachkippen», erklärte ich ihr.

Sie kam näher und kniete sich vor mich ans Bett.

«Hast du getrunken?»

«Ziemliche Becher weggekloppt», lallte ich. Ich lallte tatsächlich noch ein bisschen.

«Irgendetwas riecht hier nach Nüsse», sagte sie.

«Nüssen. Es heißt Nüssen.»

Sie sah etwas müde aus, aber nicht weniger wunderschön, im Gegenteil. Ihre Augen waren mandelförmig gequetscht, sie war noch nicht geschminkt und wirkte überhaupt nicht wie eine Nutte. Sie schien viel wirklicher – sauberer irgendwie. Ich richtete mich auf, um sie höflich zu begrüßen. Aber wieder morste mein Rückenmark eine Beschwerde ans Hirn, und ich blieb liegen.

«Au.»

«Was hast du denn heute Nacht gemacht?», fragte sie besorgt.

«Abgefeiert», meinte ich, «bis der Arzt kommt.»

«Mit Mädchen?»

«Waren auch dabei.»

«Die mögen dich bestimmt...» Sie griff meine Hand, um mich hochzuhieven.

Ich hatte mir keine Gedanken darüber gemacht. Die Elena war ja schon in David verknallt, aber immerhin hatte mich Janna mit Michael Jackson verglichen.

Malina zog mich aus dem Bett wie ein Kran ein gesunkenes Wrack. Ich stieß auf.

«Nüssen», sagte sie stolz.

«Ich würde dich gern zwei Stunden buchen.» Ich zog meinen Geldbeutel hervor.

«240 Euro. Sagen wir 250.» So viel hatte ich nach meinem letzten Besuch vorsorglich abgehoben.

Sie legte einen Finger auf meinen Mund, nahm das Geld und küsste mich auf die Stirn. Mir wurde warm und schwindlig.

«Du bist müde, Uwe.»

«Ja, aber das schaff ich schon alles.» Ich zog den Reißverschluss meines Hosenlatzes runter, rutschte dabei vier- oder fünfmal ab. Sie sah mir tief in die Augen und öffnete ihren BH. Ich betrachtete ihre Hupen. Sie waren fest und klar, und dann verschwammen ihre Nippel, und ich musste mich näher zu ihnen beugen, um ihre Kirschen in aller Schärfe bewundern zu können. Dabei erigierte mein Penis leicht, und mein Bauch zuckte einmal, zweimal. Ich sah die Kirschen, Milchreis mit Kirschen, schmeckte Nusscreme, und jetzt wurde aus dem Zucken im Bauch ein Pressen. Eine stahlharte Springbrunnenfontäne schwallte aus meinem halb offenen Mund direkt auf ihre Titten; sie sprang zur Seite. Und mein restlicher Mageninhalt floss über goldene Fransen der Samtüberdecke auf der Ohrensessellehne. Er bildete einen kokosmilchfarbenen Tümpel in einer Kuhle des Sitzkissens, in dem Viertel und Achtel von Schinken-Crunchies schwammen.

Das war sie, die Ohnmacht, die ich bei unserer ersten Begegnung gefürchtet hatte. Ich war Sklave meines jähzornigen Verdauungssystems, das Nusslikörfontäne nach Nusslikörfontäne durch meine Speiseröhre auf den Sesselbezug katapultierte. Spucken war etwas ganz Natürliches. Der Magen trennte sich von Stoffen, die ihm nicht behagten. Eine gesunde Abwehr. Frauen hatten da andere Sichtweisen, wusste ich. Bei Skinny-Anorexic-Jessica zum Beispiel war es schon das Ende, als ich im Unterricht ein Stück verschluckter BiFi mit aller Macht aus dem Hals auf die Tischplatte hustete. Ich hätte Drachen besiegen und den Heiligen Gral holen und den schönsten Penis der Welt haben können, Jessica fand mich von da an total scheiße.

Ich spuckte die letzten Schinken-Crunchies aus – und sah Malina an. Vielleicht war das der letzte Blick zwischen uns, weil ich alles ruiniert hatte wegen der Kotzerei.

Sie sah mich weich an, nicht so angewidert wie Papa, wenn ich mich bei Autobahnreisen auf Raststätten zusammen mit Onkel Gotthilf ins Pissoir übergab.

«Geht es dir besser?»

Ich schüttelte den Kopf. Ein letzter Likörklumpen wanderte meinen Hals hinauf. Genug von dem Affenwerk. Ich schluckte ihn runter.

Malina öffnete mein vollgekotztes Hemd, streifte es vorsichtig über meine Schultern, schnürte die stinkende Brühe ein, nahm das Sitzkissen und die Überdecke vom Sessel, ohne dass ein einziger Nusslikör- oder Magensäurepartikel auf dem Teppich landete, band alles zusammen und brachte es weg.

«Willst du duschen?», rief sie vom Flur aus.

Im Badezimmer nahm sie meinen Arm, obwohl der mit Spuren von Erbrochenem überklebt war, und sie ließ ihn nicht los. Im Gegenteil, sie griff noch fester zu, als sie wegen des Kotzeschleims mit ihrer Hand abzurutschen drohte. Sie führte mich mit zarten Bewegungen in die Dusche, ließ das Wasser laufen, zog sich ganz aus und stellte sich mit mir unter den Duschregen.

In Garbsen musste ich manchmal, wenn die Zeit knapp war und als wir noch kein zweites Badezimmer hatten, in Papas Gegenwart duschen. Jedes Mal betete ich, keine Erektion zu bekommen. Immer, wenn ich Gott darum bat, keinen Steifen zu kriegen, wurden die Schwellkörper sofort steinhart und richteten meinen Schwanz auf wie einen störrischen Giraffenhals. Jetzt spürte ich wieder, wie sich mein Penis aufplusterte, aber nicht von selbst, sondern weil er in einer warmen, kleinen Hand lag, die ihn umschloss und langsam rieb.

Der Nussgeruch und Nachtschlamm war nach wenigen Tropfen weggespült. Ich drehte das Wasser wärmer. Malina legte ihren Kopf an meine Schulter, und ihre Haare verfärbten sich noch dunkler. Sie hielt meinen Penis in der Hand und kraulte ihn, und ich schwamm sozusagen in dem Bild, das mir ihr nasser, nackter Körper bot. Ich schwamm und schwamm und tauchte.

Nach ein paar Sekunden ejakulierte ich. Danach rieb sie meine Haare mit duschdas Heavenly Vanilla ein und brauste mich komplett ab. Ich schloss die Augen. Ihre Hände konnten überall gleichzeitig sein, und ihr Geruch verteilte sich auf meiner Haut. Sie war duschdas Heavenly Vanilla. Sie trocknete mir die Haare ab, die Brust, den Rücken, das erschlaffte Glied, die Beine, sogar meine Füße.

«Warum machst du das alles?», fragte ich.

«Ich mag dich.»

«Ich hab oft an dich gedacht. Du auch an mich?»

«Natürlich, Uwe.»

«Woran hast du gedacht, als du an mich gedacht hast?»

«An deine Ohren. Ich mag deine Ohren.»

Ich zog an meinen Ohrmuscheln. Zwei übliche Gebrauchsohren. Sie trugen die Brillenbügel. Sie sorgten für die Aufnahme akustischer Reize. Ich dachte nie an meine Ohren.

Das alles hier hatte mit allem Möglichen zu tun, aber nicht

mit der Realität. Diese Frau entstammte einem kranken Gehirn, überkochenden Koreanersynapsen, von jemandem, der alle Komponenten weiblicher Goilstheit in einer Exceltabelle festhielt und in ein nobelpreisverdächtiges Skript umwandelte.

«Willst du mich heiraten?», schoss es aus mir heraus.

Sie reichte mir einen Bademantel.

«Klar.»

Mir wurde schwindlig. Ich halluzinierte. Berlin war eine Wüstenlandung gewesen, Malina eine Fata Morgana. Ich hatte mir ihre Antwort unter dem Einfluss der erbarmungslosen Hitze eingebildet.

«Sag mal in echt. Würdest du mich heiraten?»

Sie hängte die Handtücher auf, und ohne mich anzusehen, sagte sie wie selbstverständlich: «Ja.»

Zweimal bildete man sich nicht dasselbe ein.

# 12

## Powerpot

Zu Hause stand die Tür offen. Die Luft dick. Sie waren ausgeflogen. Mein PC war noch an, die Tastatur mit Nusslikör übergossen. Auf dem Monitor lief eine Random-Diashow. Jemand hatte Fotos von der gestrigen Party upgeloaded. Der schlafende Radlinger mit Crunchy Chips in Nase und Ohren. Ich mit weit aufgerissenem Maul und David und Elena um meine Hüften und Beine geklammert. Auf den Holzdielen klafften daumengroße Brandflecken, über dem Fensterrahmen hing ein mit Sprühsahne gefülltes Kondom. Ich setzte mich auf die Fensterbank, betrachtete alles und war zufrieden. Die Wohnung erzählte von einer Fete, einer großen Party, von einer der blindwütigsten Orgien der Neuzeit, von meiner Junggesellenabschiedsfeier.

Da bewegte sich jemand.

«Hallo?»

«Ja, bin hier.» Thorsten stand mit großen gelben Gummihandschuhen im Bad und rührte im Klo.

«Hast du was verloren?», fragte ich.

Er rieb die Klobürste verbissen über eine feste, braune Bremsspur.

«Ich wollte eigentlich fertig sein, bevor du zurück bist.»

«Ich heirate!»

Dann erzählte ich ihm alles. Und von einer großen weißen Hochzeitskutsche mit rumänischen Lasteseln, die uns durch die Stadt ziehen würden. Von Schaumkanonen und Fackelchoreografien, die unsere Namen tanzen würden. Von Cremecocktails aus mundgeblasenen Gläsern, Spanferkeln in Honigmarinade, einem riesigen Büfett ohne Gemüse beziehungsweise einem Extra-Gemüsetisch für Ökos. Von freundlichen Dolmetscherinnen für Deutsch und Rumänisch, die herumlaufen würden, um alle zu fragen, ob sie etwas übersetzen dürften. «Vielleicht lernst du auch eine Rumänin kennen. Ihre Schwester zum Beispiel! Thorsten?»

Er war über dem Klobrillenrand eingeschlafen.

Aber irgendwann würde er seinen Kindern erzählen, wie wir damals zum ersten Mal im «Jasmin» saßen, bei Ursula, und wie Malina halbnackt in die Küche geschwebt kam. Und er würde stolz auf mich sein. Am liebsten hätte ich es seinen Eltern mitgeteilt, die ich noch nie im Haus gesehen hatte und die er mir nicht vorstellen wollte, überhaupt allen Nachbarn, den Menschen auf der Karl-Marx-Allee, Alten, Kranken und Gebrechlichen, Frauen, Ausländern und Gefängnisinsassen. Doch ich setzte mich ans Telefon und wählte die Festnetznummer in Garbsen.

Beim ersten Freizeichen legte ich wieder auf.

Allen ehemaligen Klassenkameraden würde ich eine Einladung zur Hochzeit schicken. Sogar Michael Hufschmied! Und Jessica. Ihre Nummer konnte ich noch immer auswendig. Ich griff zum Hörer. Halt. Da war noch eine Nummer, die hatte ich eine

Zeit lang jeden Sonntagmittag gewählt, die Sendung «Kuschel-zeit», mit Moderator Frank Seide und den «schönsten Lovestorys Niedersachsens». Jedes Mal hatte ich Jessica gegrüßt, manchmal noch Onkel Gotthilf und meine Mama und alle, die mich kann-ten. Ich wählte die Nummer aus dem Effeff.

«Radio Galaxy 88,5, dein Powerplay von Goslar bis Norden-ham, hier spricht der Torben, was kann ich für dich tun?»

«Ja, hier ist Uwe Wöllner.»

«Hi! Willst du einen Flitzerblitzer melden?»

«Was ist das?»

«Eine Radarfalle.»

«Nein. Ich dachte, ich bin verbunden mit Radio Nieder-sachsen?»

Der Torben lachte. «Das letzte Mal, dass hier jemand angeru-fen und nach Radio Niedersachsen gefragt hat, das war 1997.»

«Können Sie mir denn die Nummer von Radio Niedersachsen geben? Ich würde gern mit Frank Seide von ‹Kuschelzeit› spre-chen.»

«Frank Seide ist nicht mehr im Sender», meinte der Torben.

«Ist er tot?»

«Tumor.» Der Torben kicherte. «Nee, der schreibt für die *HNA*.»

«Gibt es denn seine Sendung ‹Kuschelzeit› noch?»

«Nein, tut mir leid.» Er beömmelte sich wieder. «Radio Nie-dersachsen gibt es seit '96 nicht mehr. Wir heißen jetzt Radio Galaxy 88,5, dein Powerplay von Goslar bis Nordenham.»

«Ich würde gern einen Wunschhit abgeben.»

«Einen was?»

«Einen Wunschhit, einen Kuschelgruß.»

«Wir haben den Powerpot, da können Sie ein Tier raten.»

«Was für ein Tier?»

«Irgendeins. Wenn Sie das richtige Tier erraten, gewinnen Sie 10 000 Euro, vorausgesetzt, Sie melden sich am Telefon mit ‹Radio Galaxy 88,5, mein Powerplay von Goslar bis Nordenham›.»

«Okay.»

«Haben Sie ein Tier?»

«Nein, ich will meine zukünftige Frau grüßen und meine verstorbene Mama, wenn noch Zeit ist.»

«Oh, da kann ich Ihnen nicht helfen.»

«Haben Sie nicht irgendeinen Kollegen, dem ich meinen Wunschhit sagen kann?»

«Nein, wir machen hier nur den Powerpot.»

«Schade.»

«Okay, schönen Sonntag dann noch ...»

«Tarantel!»

«Okay, ist aufgenommen.»

«Ist Tarantel richtig?»

«Das kann ich Ihnen jetzt nicht sagen, wir rufen eventuell zurück.»

«Bitte, bitte, lassen Sie mich einen Wunschhit abgeben, nur einen einzigen.»

Da giggelte er wieder los, der Torben. «Okay, einen Moment. Wie war noch Ihr Name?»

«Uwe Wöllner.»

Die Warteschleifenmusik leierte zwei Minuten, drei Minuten. Ich legte mir Worte zurecht, Leute, die ich grüßen würde, wie ich meine Geschichte erzählen würde.

Jemand nahm ab.

«Am Telefon ist jetzt Uwe Wöllner» – eine Hupe röhrte –, «ein junger Mann, der gern einen Hitwunsch abgeben würde», sagte der Moderator, und es ertönte aufgenommenes Publikumslachen und Gegröle.

«Richtig», sagte ich, «Uwe Wöllner hier. Ich würde gern meinen Kuschelgruß loswerden.»

«Einen Kuschelgruß», quakte der Moderator, und wieder ertönte Gelächter vom Band und eine Sirene.

«Ich grüße meine zukünftige Frau», sagte ich.

«Wollen Sie auch noch Bundeskanzler Kohl grüßen?», fragte der Moderator und drückte den Lachknopf.

«Den Bundestrainer Berti Vogts?» Lachknopf.

«Nein», sagte ich ungeduldig.

«Prinzessin Diana? John F. Kennedy? Bismarck?», rief er und drückte immer wieder den Lachbutton. «Na, dann schießen Sie mal los!»

«Also, ich höre Radio Niedersachsen, und hier ist mein 101,7 Kuschelgruß: Ich wünsche mir von Richard Marx ‹Right Here Waiting For You› und grüße damit meine Verlobte Malina aus dem ‹Club Jasmin›. Wir heiraten!»

Der Moderator drückte einen Schiffshupenknopf, und es knackte in der Leitung.

Immerhin, dachte ich, jetzt haben sie es alle mitbekommen, mein Bruder in der Firma, Jessica, Papa im Auto. Vielleicht konnte ich sie sogar in ein paar Wochen über Radio Niedersachsen zu unserer Hochzeit einladen.

Ich ließ mich zufrieden auf meine Matratze fallen, sie war feucht und roch nach Alkohol. Thorsten schlief noch im Bad. Ich rief im «Club Jasmin» an. Ursula meinte, es ginge jetzt gar nicht. Aber schließlich holte sie Malina an den Apparat.

«Ist gerade schlecht», flüsterte sie.

«Ich wollte dich nur nochmal hören. Ich habe dir eben bei Radio...»

«Ich arbeite gerade, Uwe».

Ich schluckte. Klar, irgendwie musste das Geld ja reinkommen.

«Bist du nackt?»

«Nein, noch nicht. Uwe, ich...»

«Aber der Kunde ist schon da?»

«Ja.»

«Wie sieht er aus?»

«Er hat einen Bart und ... Du, das ist jetzt wirklich...»

«Sieht er gut aus?»

«Geht so. Was...»

Und dann erzählte ich auch ihr von meinen supercoolen Ideen mit der weißen Kutsche und den Cremecocktails. Aber sie verstand nicht recht. Ich bedankte mich für ihr Ja-Wort und schwärmte vom rumänischen Affenbrotbaum neben dem Traualtar. Sie fragte, welches Ja-Wort ich denn meinte. Ob sie jetzt auch etwas intus hätte?, scherzte ich, aber sie versicherte, sie wäre nüchtern. Wovon ich denn redete? Ich verstand sie wiederum nicht so ganz. Was ich denn mit Verlobung meinen würde? Ich sagte, Hochzeit. Sie fragte, ob es meinem Magen wieder nicht so gut ginge. Doch. Ich bekam einen Schluckauf. Schlafen gehen, empfahl sie mir, ich wäre ja ganz durcheinander. Nein, ich sei nur hocherfreut wegen unserer baldigen Trauung, faselte ich. Sie lachte und lobte meine Gags. Welche Gags?, fragte ich.

Dann wurde mir übel. Sie legte auf. Ich hatte mich geirrt, verhört, getäuscht. Oder sie. Keine Ahnung. Fata Morgana Malina. Sie hatte nichts mehr gewusst. Ich wusste nichts mehr. Seifenblasenoper. Zerplatzt.

## 13

### Vom Heiratsmuffel zum Heiratsknuddel

Karin war vertieft ins Putzen. Schräge Eule, dachte ich, ihr werde ich meine Geschichte sicher nicht erzählen. Außerdem, das hatte ich irgendwie im Gefühl, war Karin nur darauf aus, meine Schwächen kennenzulernen und zu protokollieren, um sie eines Tages gegen mich verwenden zu können. Da würde ich ihr jetzt auf keinen Fall von meinen Eheproblemen mit Malina erzählen. Dass die mir erst ihr Ja-Wort gab und einen Tag später von Ehefrau und Ehemann einfach mal nix mehr wissen wollte. Ich rätselte die ganze Nacht, wieso sie es sich von jetzt auf hierher anders überlegt hatte. War das nur ein Witz von ihr? Vielleicht riet Ursula ihr ab? Aber warum? Karin stand auf Zehenspitzen vor dem Schaufenster des Beerdigungsinstituts, streckte sich wie ein langer Elch und putzte unermüdlich weiter.

«Guten Morgen, Uwe, schönes Wochenende gehabt?»

«Morgen, Karin», antwortete ich. «Ich könnte dir von meiner Freundin erzählen, aber ich denke, das lässt unser Vertrauensverhältnis nicht zu. Gib mir mal bitte den Eimer, ich halte ihn, während du wischst.»

Ich sah auf die Straße. Müde Handwerker mit feuerroten

Gesichtern, altersschwache Vögel auf der Suche nach Hülsen-früchten, zu klein geratene Kinder von alkoholkranken Eltern auf ihrem immer gleichen Schulweg, alle mürbe und entzün-det. Ich hielt den Eimer. Karin wischte. Je sauberer die Scheibe, desto klarer, härter und trostloser das Bild der Straße – bis Herrn Weiß auf der gegenüberliegenden Straßenseite auftauchte. Ein Körper wie eine Schiffswerft. Neben ihm lief ein jugendlicher Typ mit angeberischer Mütze. Den kannte ich von irgendwoher. Sie kamen näher. Als sie direkt am Schaufenster vorbei zur Tür gingen, blätterte mein Gehirn die zu der Hackfresse des jungen Mannes passende Erinnerung auf. Auf Freitag datiertes Erinne-rungsfile mit Bewerbungsmappe und einer Drei in Religion. Das war Michael Köhler. Der nervöse Schleimer. Er betrat zusammen mit Herr Weiß das Foyer. Ich ließ den Putzeimer fallen. «Och, scheiße, Uwe», schnauzte Karin mich an. Ich regte mich nicht.

«Ja», nickte Köhler, «der war das.»

Herrn Weiß steuerte auf mich zu. «Kann ich dich mal kurz sprechen, Uwe?»

Urlaub ging anders. Ranzen in die Ecke, PC an, Ameiseneier in Mädchenhosen aussetzen, Kaugummi-Eisstiele sammeln, grillen. So ging Urlaub – und nicht mit leerem Magen an einem dunklen Vormittag nach Hause laufen müssen, nachdem man voll fies angemeckert wurde. Was war denn das für ein Urlaub? Wo ich denn so kurzfristig noch hinfahren sollte?, hatte ich Herr Weiß gefragt. Nach Teneriffa? Ich hatte kaum noch Geld auf dem Konto. Und Last Minute fand ich scheiße. Trotzdem wollte er mich unbedingt sofort beurlauben. Herrn Weiß meinte, er bräuchte Zeit, um über meine Arbeitskraft nachzudenken, und ich sollte am 1. Juli wiederkommen. Danach würde man weitersehen. Das war in einer Woche.

Thorsten erklärte mir, sein Vater wäre auch mal beurlaubt worden, und dann hatte sein Chef ihm in genau dieser Urlaubszeit eine Kündigung geschickt. So was war typisch Kapitalismus. Erst Urlaub, Urlaub, alles schick, alle freuen sich, und plötzlich von hinten mit der Bratpfanne über den Kopf.

Thorsten hatte etwas von McDonald's mitgebracht und mich gefragt, warum ich meinen Filet O' Fish nicht essen wollte. Es war wegen Malina.

«Ich hab in so 'nem *Brigitte*-Heft im ‹Jasmin› mal was über Leute gelesen, die Schiss haben vor Hochzeiten.» Thorsten steckte sich eine Handvoll Pommes zwischen die Kauleisten und sprach mit vollem Mund weiter: «Vielleicht hat deine ja auch Schiss.»

«Wovor denn?»

Thorsten kaute. «Ja, weil, ich glaub, das ist, wie viele auch Schiss vor Sex haben wegen HIV. Da trauen sich ja auch die meisten nicht mehr. Und bei Heiraten ist das ja ähnlich. Weil – erst haben sie voll Bock, und dann später merkt man, nee, jetzt ist das irgendwie krank. Meine Mum sagt auch immer, sie würde den Klaus nie wieder heiraten, und so was spricht sich halt rum.»

Ich dachte lange nach.

Als ich gegen neunzehn Uhr seit sieben Minuten im Bett lag und meine Raufasertapete anstierte, raschelte es an der Wohnungstür. Unter dem Türschlitz zuckelte sich ein Stück bedrucktes Papier in meine Wohnung. Es war eine aus einer Zeitschrift herausgerissene Seite. «Na-hacht!», hallte es von draußen auf dem Hausflur. Thorsten.

«Mein Freund, der Heiratsmuffel» war die Überschrift eines Leserbriefes an die *Brigitte*. «Vielleicht ist er noch nicht so weit», erklärte Dipl.-Psych. Blum in ihrer Antwort an eine traurige Frau, deren Mann sich heiratsmäßig nicht festlegen wollte. «Gib ihm Zeit, gib ihm Raum, und ab und zu kannst du ihn dezent auf deinen Wunsch hinweisen. Vielleicht mit einem subtilen Hinweis. Schaut gemeinsam einen romantischen Film. Bereite ihm zauberhafte Momente, die er bis an sein Lebensende mit dir erleben möchte. Verwöhne ihn! Mache ihn vom Heiratsmuffel zum Heiratsknuddel, deine Dipl.-Psych. Felicitas Blum.»

Abgefahrener Rat, dachte ich, Frau Blum hatte das studiert. Studieren geht über Probieren, lallte ich immer. Ich konnte auch probieren, eine Rakete zu bauen, aber der Raketenforscher würde eine bessere bauen. Und so war es auch hier. Daran hatte ich noch gar nicht gedacht. An die Wissenschaft. Danke, Dipli. Dings Blum. Malina, Zeit, Raum, Verwöhnen!

Ich hatte keine Lust mehr, auf die Tapete zu starren. Also nahm ich von der Karl-Marx-Allee gleich den nächsten Bus Richtung Boxhagener Straße.

Als Malina den Erotikraum betrat, frisch geduscht, mit einem Handtuch um die Haare geschlungen, stand ich auf und trat ihr entgegen, so wie ein Kavalier auf seine Herzensdame zuschreitet, so wie Herrn Weiß wahrscheinlich seine Frau nach einem langen Arbeitstag begrüßt. Ich nahm ihre Hand und küsste sie.

«Verwöhn ihn», hatte die Dipl.-Psych. geschrieben.

«Stopp – bleib so stehen und mach die Augen zu.»

«Was?», glucks te sie hell, dann runzelte sie die Stirn und schloss ihre Augen. Rasch öffnete ich den Wandschrank, zog das Handtuch heraus, wie sie es immer tat, und breitete es auf der Matratze aus. Danach nahm ich das Kondom aus der weißen Porzellanschale und legte es, wie es vorgesehen war, griffbereit neben das Kopfkissen. «Zauberhafte Momente.»

«Was ist denn mit dir los, Uwe?»

«Lass die Augen zu!»

Ich öffnete die Knöpfe ihrer weit ausgeschnittenen hellrosafarbenen Bluse. Ich zog erst Malina, anschließend mich aus, legte mich seitlich aufs Bett, stützte meinen Kopf mit dem linken Arm ab wie ein Fotomodel und ruckelte etwas auf dem Handtuch, bis mein Penis kerzengerade stand.

«Jetzt kannst wieder aufmachen!»

Malina blinzelte. «Wow, Uwe!», rief sie.

«Romantisch, oder? Halbe Stunde mit allem?» Meine Stimme fiepte etwas.

«Sehr gern.» Sie legte sich neben mich.

«Halt!» Ich nahm ihre Hand von meinem Glied.

Sie sah mich überrascht an.

«Leg dich auf den Rücken.» Ich versuchte das weise und fürstliche Lächeln von Papa auf Stehpartys.

Sie drehte sich langsam um, machte das viel erotischer als alle Nutten, die ich je in SEXY Sport-Clips sah, und spreizte würdevoll ihre Beine auseinander. Zwei endlose, glatte sich vor mir öffnende Beine.

«Mach ihn vom Muffel zum Knuddel.» Ich begann, sie zu massieren, indem ich alle meine Fingerkuppen mit der Zunge befeuchtete und sie anschließend rhythmisch auf ihre Kniekehlen drückte.

«Jeden Quadratmillimeter ihrer Haut», so stand es mal in der

*Coupé*, «liebkoste Dachdecker Tim P. mit seinen glutwarmen Handwerkerlippen.» Ich hatte immerhin gebürtige Bau- und Dachdeckerbedarfslippen, jetzt Bestatterlippen auf Urlaub. Ich küsste ihre Oberschenkel von unten nach oben. Als mein Kopf auf Höhe ihrer Scheide angelangt war, dachte ich an Köhler, den Streber, der heute wahrscheinlich den Job gekriegt hatte. Wenn der diese feuchte Scheide von Malina jetzt sehen würde, dann würde der doch sofort wieder zittern wie so ein Gummiskelett am Schlüsselbund. Keine zwei Sekunden, und er hätte eine Blitzerektion und würde noch in der Hose ohne jede Berührung massiv abspritzen.

Ich ließ meine Fingernägel über ihre Schamlippen gleiten und stellte mir vor, wie Köhler nachts an genau diese Vagina von Malina dachte und schwitzend wichsen musste. Ich legte mein Ohr auf ihre Klitoris und lauschte. Gleichmäßiger Puls. Sie fühlte sich äußerst wohl. Ich begann, mein Ohr ein wenig an ihrer gesamten Vagina zu reiben. Tatsächlich, Malina atmete auf. Ich bewegte meinen Kopf etwas schneller. Sie atmete heftiger. Das musste der Kitzler sein. Ich steigerte das Tempo, kreiste mit meinem Ohr über ihre äußeren Schamlippen, bis meine Halsmuskulatur wegen der ungewohnten Bewegung wehtat. Immer mal wieder hielt ich inne, und, ja, sie stöhnte. Wenn das mal kein Orgasmus war. Ich legte mich ins Zeug und versuchte, parallel mit meinen Händen ihre Brustwarzen zu kneten, konnte aber aus meiner Position die Arme nicht bis an ihren Busen ausstrecken. Da hob Malina mein Haupt sanft von ihrer Scheide, richtete sich auf und öffnete die Kondompackung. Ich zog es mir über, und sie setzte sich auf mich. In Wellen bewegte sie ihren Unterleib, strich sanft über meine Wangen, atmete immer schneller, und ich war mir sicher, sie kam gerade ein zweites Mal. Ich schloss die Augen und sah, wie Köhler neidvoll und ängstlich auf dem Ohrensessel saß, uns zuguckte und onanierte. Ich kam. Sie stand auf und setzte an, mir das Kondom auszuziehen.

«Lass, ich mach das», sagte ich, riss ein Stück Wischpapier von der Allzweckrolle, zog mir das Kondom selbst vom Penis und entsorgte es im Mülleimer neben der Tür. Ich war auch jemand, der ungefragt den Kompost wegbrachte – das sollte Malina wissen.

«Bist du gekommen, Malina?»

Zweimal, wenn ich richtig gezählt hatte. Sie zögerte kurz. «Behältst du es für dich?»

«Klar!»

«Dreimal.»

Ich sah sie an. Sie zwinkerte nicht. Sie log nicht. Wir waren beide nüchtern. Sie war dreimal gekommen. Einmal mehr, als ich zählen konnte. Sie hatte einen kleinen heimlichen Zusatzorgasmus erlebt, der mir nicht mal aufgefallen war. Sie küsste meine Wange. Es war so weit. Sie war restlos verliebt. Ich hatte sie verwöhnt.

Malina hakte sich bei mir ein und führte mich zur Tür. Sie gab mir einen Kuss, natürlich mit Zunge.

«Ciaoi», sagte ich.

«Uwe?»

Ich drehte mich zu ihr um. Sie sah mir tief in die Augen.

«Ja, Malina?»

Wieder zögerte sie.

«Haben wir nicht was vergessen?», fragte sie leise und legte den Kopf schief. Ja, dachte ich, und ob wir was vergessen haben. Sie lächelte. Ich lächelte. Das war der perfekte Moment.

«Ich liebe dich», sagte ich.

Und das würden wir uns von jetzt an immer sagen, wenn wir uns verabschiedeten, wenn wir uns wiedersahen und auch zwischendurch. Sie sah mich an.

«Ich meinte ...» Sie hielt ihre Hand auf. «Hm ...?»

Ich zuckte zusammen wie bei einem plötzlichen Schiffsunglück. Ich hatte stets im Voraus bezahlt, jedes Mal, mit Trinkgeld, schon auf dem Weg ins «Jasmin» stets exakt ausgerechnet, wie lange und mit welchen Extras ich mit Malina sexuell verkehren konnte. Diesmal hatte ich das mit dem Geld einfach vergessen.

Ich öffnete meinen Brustbeutel. Ich schämte mich.

«Kein Problem», säuselte Malina, während ich mein Bargeld in der Hand zählte. Ich hatte genau vier Euro sechsundsiebzig dabei. Umgerechnet 2,38 Minuten Malina.

«Klimper, die Münzfee.» Ich versuchte zu lachen, als sei das jetzt ein cooler Gag. «Kann ich vier Euro anzahlen und den Rest bei der Bank abheben?»

Sie wirkte ziemlich enttäuscht. Dann sagte sie: «Natürlich, Uwe.»

«Ich bin in spätestens fünfzehn Minuten wieder da!»

Ich rannte bis kurz an die Grenze zur Bewusstlosigkeit die dunkle Boxhagener Straße runter, bis ich an der Sparkasse ankam. Außer Atem zog ich die EC-Karte aus der Tasche, steckte sie in den Schlitz des Automaten und drückte auf «Auszahlung». Ich rang nach Luft. In unter zehn Minuten wollte ich es schaffen. Ich gab meine Geheimzahl ein. So schnell wie nie zuvor und sogar ohne die Eingabe mit flacher Hand vor Blicken von Betrügern zu schützen. 100 Euro. Der Automat rechnete. Ich schlug gegen den Bildschirm. Endlich ratterte die Maschine, eines meiner Lieblingsgeräusche. Ich wartete auf das Aufklappen des Geldfachs, so langsam hätte es kommen müssen, aber dann: «Ihr Verfügungsrahmen reicht nicht aus.»

## 14
### Human Systems

Ich nahm je zwei Treppenstufen auf einmal, pustete auf jeder Etage durch, meine Lunge krampfte. Stress, Stress – im Stress heizte sich die Haut auf, brannte, nässte und pustelte, die weißen Blutkörperchen waren auf der Jagd. Gehetzt erreichte ich die Haustür. Im Flur wartete Thorsten.

Wie ein dünner Wächter hibbelte er vor meiner Tür herum und spähte nervös umher. Er hatte jederzeit Zutritt zu meiner Wohnung. Eine ausgetretene braune Ledersandale lag im Türschlitz, wenn ich fort war. Ein Zweitschlüssel wäre übertrieben gewesen, wir waren ja nicht verheiratet. Thorsten kam mir auf den letzten vier Stufen panisch entgegengerannt, als sei auch er in Geldnot oder von etwas Furchterregendem vertrieben worden. Er deutete hektisch zur Wohnung, wedelte mit den Armen und bewegte tonlos die Lippen. Als hinge in meiner Wohnung eine menschengroße Fleischfresserspinne, vor der er mich warnen wollte, mit einer Beinspannweite von einem halben Meter.

«Lass den Quatsch, Thorsten», japste ich im Vorbeilaufen, «ich bin mitten in 'ner Katastrophe ...»

Er hielt mich am Ärmel fest. Ich riss mich los. Dann machte er einen Satz und warf sich vor mir auf den Boden.

Ich sprang über ihn hinweg, sprintete durch die Tür. Malina hielt mich inzwischen sicher für einen zechprellenden Abzocker, einen Sex-Nomaden, mich, ihren Freund. Ich hatte keine Zeit zu verlieren. Ich musste nachsehen, ob ich nicht doch noch irgendwo zumindest ein paar Münzen herumliegen hatte. Ich hastete ins Bad, riss das Spiegelschränkchen über dem Waschbecken auf. Es war leer. Ich stolperte zurück auf den Flur und hielt plötzlich inne. Etwas war anders. Ein herber, süßlicher Schwall lag auf einmal in der Luft. Er schien aus einer längst vergangenen Zeit aufzudampfen und drang aus dem Wohnzimmer. Darin war Licht angeschaltet, das große, grelle Deckenlicht aus der frei herabbaumelnden Birne, das ich nie anmachte. Und dann sah ich es: am Fenster. Es ragte aufrecht empor, es war keine Spinne, keine Giftnatter, sondern ein menschlicher Rücken. Er bewegte sich langsam, atmete ruhig. Über dem Rücken wellte sich graues, schütteres Haar, und ein knochiges Gesäß drückte sich auf einen Schemel, neben dem ein schmaler schwarzer Lederkoffer stand. Es war Papa. Er sah aus dem Fenster auf die dunkle Karl-Marx-Allee.

Schwarzes Loch, Zeitschleuse. Ich fand keine Erklärung. Unmöglich. Übernatürlich. Sein Geist, dachte ich. Aber das Geschöpf, das da regungslos in meinem Zimmer hockte, war real und vor allem – Papa. Es roch nach Zigarre, nach Garbsen, nach Fernsehabend. Ich blieb wie eingefroren stehen und versuchte, unhörbar durch den Mund zu atmen. Mein stressgeplagter Puls überschlug sich. Papa hatte mich noch nicht bemerkt.

Ich machte behutsam auf den Absätzen kehrt und schlich zaghaft zurück in den Flur. Ich wollte zu Thorsten, unbemerkt die Treppenstufen hinab, raus aus dem Haus, raus in die Stadt.

«Uwe», donnerte es laut. Ich fuhr zusammen. Auf der Hälfte des Flures hatte er mich bemerkt und hinterrücks meinen Namen gebrüllt. Langsam drehte ich mich um. Papa war aufgestanden und streckte mir die Hand entgegen, ohne von der Stelle zu weichen. Vorsichtig ging ich auf ihn zu und erwiderte seinen Handschlag, spürte seinen festen Griff. Er trug einen dunkelblauen Anzug, eine karierte Krawatte, die Haare zur Seite gescheitelt, er roch nach Old Spice.

«Gut siehst du aus», säuselte ich mit dünner Stimme.

«Ja, ja», sagte Papa eilig. «Der Junge hat mich reingelassen.» Er deutete auf Thorsten, der in der Wohnungstür stand und uns aus dem Halbdunkel beobachtete. «Der scheint sich bei dir ja gut auszukennen.»

«Das ist Thorsten.» Ich holte tief Luft. «Papa, Thorsten. Thorsten, Papa.» Sie nickten sich zu. «Willst du einen Drink, Papa?»

«Ist nichts mehr da», flüsterte Thorsten.

«Nein danke, Uwe.» Papa machte eine Kunstpause. «Ich möchte über deine Situation sprechen.»

«Ja, lass uns über meine Situation sprechen.»

«Ich denke, wir sollten das unter vier Augen tun.»

«Thorsten ist mein bester Freund, ich habe keine Geheimnisse vor ihm.»

«Nun, es geht auch um Familiäres.»

Papa sah Thorsten kurz an, schließlich schien er ihn widerwillig zu akzeptieren. «Erst mal möchte ich gern wissen, was das hier darstellen soll, Uwe.»

«Was was hier darstellen soll, Papa?»

«Das.» Er breitete die Arme aus und deutete mit einer Viertel-drehung in den Raum. Ich konnte nichts erkennen.

«Wo ist der Teppich, den wir gekauft haben?»

Teppich hin, Teppich her, in meinem Bad stand so ein Wrap, ein Bündel, auf dem ich meine Handtücher trocknete, und als Ersatz für den Teppich, der eben als Handtuchhalter im Einsatz war, hatte ich den Vorhang vom Fenster genommen und säuber-lich über dem Dielenboden ausgebreitet, sodass er die vielfälti-gen Brandflecken auf dem Holz erstklassig verdeckte. Papa ließ keine Zeit für eine Antwort.

«Und was ist dieses ...?»

Er deutete auf ein Regal, an dem ich von einem Ende zum anderen eine Leine aus aneinandergeknoteten Schnürsenkeln befestigt hatte. Wie über einer langen Girlande hing dort eine Sammlung meiner Unterhosen, handgewaschen, in Erman-gelung an echten Wäscheklammern um die Schnürsenkel gewi-ckelt.

«Den Wäscheständer habe ich Radlinger geschenkt, er wollte 'ne Skate-Rampe daraus bauen.»

«Wer ist Radlinger?», fragte Papa. «Und wo ist dein Hoch-bett?»

Ich zeigte auf das noch am Boden liegende nicht montierte Hochbettgestänge. Papa betrachtete auch meine Matratze dane-ben, die Kissen und Decken, alles ohne Laken oder Bezüge. Die hatte ich als Ersatz für den Vorhang am Fensterrahmen befestigt, als mich am Morgen die Sonne blendete.

«Ein Tohuwabohu», sagte er leise zu sich, und dann lauter: «Haben wir nicht oft über Struktur und Ordnung gesprochen, Uwe?»

Stress. Ich versuchte, ihn zu beschwichtigen. Ich war auf alles Mögliche vorbereitet, aber nicht auf das Papa-Kreuzfeuer, auf Fragen, die in den Raum knallten, ohne eine Antwort zu dulden, brennende, scharfe Blicke, Strafen. Wäre er doch ein Geist. Ich könnte durch ihn hindurchfassen, ihn mit Räucherstäbchen verjagen.

«Ja», sagte ich und lieh mir einen Papa-Satz: «Alles hat seine Ordnung.»

«Nun.» Er holte Luft. «Ich habe heute mit Herrn Weiß gesprochen. Er hat mir von einer Reihe von – sagen wir es freundlich – Eseleien berichtet und dass er dich beurlauben musste.»

Papa entdeckte ein prall mit Wasser gefülltes Kondom unter der Heizung, hob es auf und betrachtete es von allen Seiten.

«Es steht kurz vor knapp, Uwe. Ich weiß nicht, ob es mir gelungen ist, Herrn Weiß davon zu überzeugen, dich nach deinem Zwangsurlaub weiter zu beschäftigen. Ich habe ihm meine Hilfe bei einem Investitionsprojekt angeboten. Aber die Entscheidung liegt natürlich bei ihm.»

Er legte behutsam das Kondom auf den Schreibtisch.

«Gut, das ist natürlich nett, dass du dich für mich einsetzt, Papa. Aber ich denke, ich krieg mein Leben natürlich auch ganz gut alleine in den Griff...»

«O ja? Wann ist es denn so weit? Wenn du es irgendwann mit neununddreißig Jahren geschafft hast, dein Hochbett selbst aufzubauen? Wenn dir die Stadt Geld dafür gibt, dass du deine Wohnung zu einem Spielplatz für verwahrloste Kinder aus der Nachbarschaft gemacht hast? Oder wann genau hast du dein Leben im Griff? Ich würde es dann gern als Erster erfahren. Ich würde dir sogar Champagner schicken.»

Ich schielte zu Thorsten. Der lehnte inzwischen an der Wand im Flur und blickte verschämt zu Boden.

«Ja, also das find ich jetzt nicht ganz okay ... Das ist immerhin mein Leben ...»

«... das ich finanziere. Obwohl du einunddreißig bist. Da haben andere schon ein Häuschen. Gerd stand mit zwanzig Jahren auf seinen eigenen Beinen. Ich hatte gehofft, das du deine Chance diesmal nutzt. Ich habe doch alles in die Wege geleitet, Uwe.»

Ich nickte. Sollte ich ihm von Malina erzählen? Vielleicht würde ihn meine Liebeslage freundlich stimmen. Und vielleicht würde er mir sogar etwas Geld dalassen, damit ich sie für den heutigen Abend entlöhnen konnte.

«Der Grund meines Besuchs ist außerdem ein anderer. Ich war in Charlottenburg und habe mit Notar Engel, den wirst du nicht mehr kennen, Uwe, ein alter Wegbegleiter, über das Erbe deiner Mutter gesprochen.»

Mein Atem stockte. Mama. Jetzt war sie auch dabei.

«Du wirst Geld erben, Uwe.»

«Cool», entfuhr es mir.

«50 000 Euro.»

Er sagte diese Zahl ganz trocken daher. Sie löste ein Wummern in meinen Hoden aus. Sofort begann ich zu rechnen: Bis jetzt hatte ich insgesamt bestimmt 680 Euro für Malina ausgegeben. Ich schuldete ihr 56 Euro von heute. Die würde ich nun locker begleichen können, mehr als das, ich würde ihr Kleider kaufen können, Dessous, Goldschmuck, Taschen und mir, egal, vielleicht ein Go-Kart.

«Deine Mutter war ihr Leben lang sehr sparsam.»

Ich schluckte.

«Mama», sagte ich leise. «Ich denke oft an sie ... Und du?»

Papa sah mich an, räusperte sich und blickte schweigend an die Decke.

«Uwe», sagte er nach einer Weile, «ich bitte dich darum, jetzt eine vernünftige Entscheidung mitzutragen. Das ist eine ernsthafte Angelegenheit. Es geht um viel Geld.»

Ich versuchte, ein Lächeln aus meinem Gesicht zu verdrängen. In seinem schmalen schwarzen Koffer hatte Papa sicher die Scheine verstaut, in Bündeln gefasst, gerade so reingequetscht, mein Vermögen.

«Danke», flüsterte ich, stürzte auf Papa zu, schlang mich um seinen Körper, drückte meinen Kopf an seinen, spürte Papas winzige Bartstoppeln. Danke, dachte ich, dass du mich nicht vergessen hast.

Mein Papa klopfte mir vorsichtig auf den Rücken und machte sich von mir los.

«Deine Mutter, da bin ich mir sehr sicher, wäre mit mir einhergegangen, da gibt es keinen Zweifel ...», fuhr er fort.

«Ja, gibt gar keinen Zweifel.» Ich nickte.

«... dass du einem solchen Betrag im Grunde noch nicht gewachsen bist. Ich denke, du weißt das am besten.»

Ich verstand nicht recht.

«Du bekommst ab dem übernächsten Monat 500 Euro Lebenshaltungskosten von mir überwiesen. Dazu die 450 Euro Gehalt von Herrn Weiß. Miete fällt ja weg. Ich denke, 900 Euro müssen deinen Bedürfnissen entsprechen. Gemessen an deinen Leistungen bist du damit regelrecht überbezahlt.»

«Ja, okidoki. Und ... was hast du da im Koffer?», fragte ich.

«Einen Vertrag», sagte Papa, legte sich den Koffer auf die Knie, öffnete ihn und zog ein Bündel bedruckter Zettel heraus. «Du musst ihn jetzt nicht in Kompletto studieren. Ich brauche deine Zustimmung für ein Investment. Ich möchte dir nahelegen, die 50 000 Euro anzulegen, gewinnbringend, und zwar in Tectron Wöllner.» Papa reichte mir einen Kuli.

Tectron Wöllner, Human Systems. Das war Gerds Firma. Die Piepston-Gesellschaft war mir bekannt.

«Das ist eine gute Idee, aber ...»

«Genau, Uwe, das ist es. Rechne mal. Du kannst doch mit Zahlen. 50 000 Euro. Acht Prozent Zinsen im Jahr. Dann Zinseszins. Hier, da brauche ich deine Unterschrift.»

«Aber ...» – ich dachte an Malina – «na ja, einen kleinen Teil würde ich vielleicht gern zu anderen Zwecken anlegen.»

«Es ist ein Investment, Uwe. Muss ich dir die Bedeutung des Wortes erklären? Es bleibt immer dein Geld. Tectron lässt es für dich arbeiten, und du bekommst in zehn Jahren mindestens nochmal 50 000 raus. Weiß der Herrgott, wo dein Geld sonst landet. Am Ende im Freudenhaus. Oder du verteilst es an die sozial benachteiligten Familien deiner minderjährigen Freunde hier. Das wissen wir doch beide, dass das nicht gut gehen kann.»

«Das find ich jetzt echt einfach nur richtig fies, Papa. Ich würde gern wenigstens 1000 Euro bei meiner Bankfiliale in Berlin anlegen. Damit die auch sehen, dass ich nicht irgend so ein Typ mit nur wenig Geld bin, sondern dass ich auch mal 1000 Euro außer der Reihe ...» Papa schüttelte langsam den Kopf.

«Gut, Uwe, du kannst natürlich immer so weitermachen. Immer darauf hoffen, dass dein Vater dir aus der Klemme hilft, weiter in diesem Unrat hausen ...» Er bückte sich und zog einen Zipfel des Vorhangs hoch, der als Teppichersatz auf dem Boden lag. Thorsten, geistesgegenwärtig, hechtete aus dem Flur und sprang auf die freigelegte Stelle, um Brandblumen und Brandwürmer, die wie schwarze Kaleidoskopbilder in den Holzboden gekokelt waren, unter seinen Füßen vor Papas Blicken zu verstecken.

Papa sah Thorsten an. Thorsten sah Papa an. Für Sekunden trafen sich ihre Blicke, schienen miteinander zu ringen, bis Papa den Vorhang wieder fallen ließ.

«Du bist erwachsen. Manch anderer Vater hätte sicher längst aufgegeben.» Er blickte nach draußen. «Aber so etwas ist in unserer Familie nicht üblich.» Er öffnete das Fenster, um auf die Straße zu sehen. Dabei löste sich das Laken, das im Fensterrahmen als Vorhang klemmte, fiel ihm über den Kopf und bedeckte Papa vollständig. Einen Sekundenbruchteil lang stand er vor uns wie ein Kind beim Gespensterspielen. Einen Sekundenbruchteil lang liebte ich ihn so sehr wie lange nicht mehr. Thorsten kicherte leise und verstummte, als er mein Gesicht sah. Papa riss sich das Laken vom Kopf und warf es aufs Bett. «Familie ist schließlich das Wichtigste im Leben», sagte er und seufzte. «Uwe. Gib mir doch einen Rat. Was soll ich tun, damit du dein Leben in den Griff bekommst?»

Ich schwieg. Eine Asthmaattacke kündigte sich an, sagte aber wieder ab. Mir wurde nur etwas übel.

Datum und Unterschrift. Es war besiegelt. Ich musste Malina aus meinen laufenden Einnahmen bezahlen. Es blieb dabei: Acht Tage, acht Nächte nichts zu essen, nichts zu trinken, nichts für Malina.

«Sehr vernünftig, Uwe.» Papa legte kurz seine Hand auf meine Schulter.

Er patrouillierte durchs Zimmer, hob zielsicher einen Teller mit einem Rest Lasagne von vor ein paar Tagen aus einer Zimmerecke, trug ihn mit spitzen Fingern in die Küche, von dort klapperte es kurz, dann tauchte er wieder auf, sah sich nochmal prüfend im Raum um, nickte zum Abschied knapp, drehte uns den Rücken zu und verschwand.

**15**

## Emergency-Flip

Am nächsten Morgen inspizierte ich meine Wohnung systematisch, durchkämmte sie nach Spuren von Nährstoffquellen. Schmierige Teller, auf denen Frikadellen in ihrem eigenen Fett geschwommen waren, leere Knisterpackungen, in denen mal unzählige Schokocrossies übereinanderlagen, die knöchernen Überreste verendeter Chicken Wings. Als alle Winkel bis auf den letzten Quadratzentimeter durchsucht waren, sondierte ich die Ergebnisse in der Mitte meines Zimmers. Da lag, wovon ich von nun an bis zum Rest des Monats sieben Tage und Nächte leben musste: eine angebrochene Packung Erdnussflips; Inhalt: eine Handvoll trockener Erdnussflips.

Egal von welcher Seite ich zu zählen begann, es waren fünfzehn Flips inklusive mückengroßer Erdnussabriebkrümel in den Zipfeln der Verpackung. Jeder Flip hatte elf Kilokalorien – das stand auf der Tüte. Ich beschloss, mit einer Tagesration von zwei Flips auszukommen; dann blieb einer übrig, den ich für den Notfall im Badezimmerschrank zurücklegte. Ich würde künftig zweiundzwanzig Kilokalorien am Tag zu mir nehmen. Der menschliche Körper bräuchte täglich 2000 Kilokalorien, um im Alltag klarzukommen, verriet das Internet. Ich musste mit einem Hundertstel davon überleben. Um nicht zu verhungern, durfte ich in dieser Woche nur ein Hundertstel des menschlichen Energieverbrauchs verbrennen. Nur ein Hundertstel so weit laufen wie sonst. Also schätzungsweise vierzig Schritte. Von meinem Bett aufs Klo waren es zehn Schritte, zurück nochmal zehn; also durfte ich zweimal täglich aufs Klo. Von vielleicht 3000 Wörtern pro Tag durfte ich jetzt nur dreißig sprechen. Das reichte, um jetzt zum Beispiel kurz bei Thorsten anzurufen und ihm zu sagen: «(1) Es (2) geht (3) mir (4) den (5) Umständen (6) entsprechend (7) gut, (8) du (9) musst (10) dir (11) jetzt (12) um (13) mich (14) keine (15) Sorgen (16) machen, (17) ich (18) werde (19) mich (20) für (21) diese (22) Woche (23) zum (24) Selbstexperimentieren (25) zurückziehen, (26) melde (27) mich (28) danach (29) bei (30) dir.» Danach legte ich auf. Außerdem durfte ich nur ein Hundertstel dessen denken, was ich sonst dachte. Vor mir lag alles andere als ein wunderschöner Urlaub.

Die Tage zogen sich wie schneckenlahme Wüstenkarawanen an meinem Fenster vorbei. Weil ich, um Kräfte zu sparen, die Glotzkiste nicht umschalten wollte, lief den ganzen Tag RTL. Morgens den ersten, nachmittags aß ich den zweiten Tagesflip, ließ ihn auf meiner Zunge zu Brei zergehen, hob die Hälfte in der Wange auf und schluckte sie später runter. Mal hatte ich Monsterhunger, mal gar keinen. Manchmal schienen die Lkws der Karl-Marx-Allee durch meinen Kopf hindurchzufahren, und ich schreckte vom Geräusch der klackernden Heizung auf.

Am vierten Tag klingelte es. Wenn ich jetzt aufstand, würde

mir ein außerplanmäßiger Gang zur Tür nebst Türöffnen und nicht kalkulierter Wortwechsel mit religiösen Randgruppen oder wer immer da schellte, zusätzliche Energien rauben. Das wäre tödlich. Also blieb ich im Bett liegen. Es läutete zwei weitere Male. Den Kalorienverbrauch beim Ohrenzuhalten wollte ich auch nicht riskieren, und ich ertrug noch sieben weitere Bimmelattacken. Als es Sturm klingelte, hielt ich es nicht mehr aus, und ich schleppte mich zur Tür. Thorsten.

«Du musst mir helfen, Uwe!» Er war außer sich. Ich stützte mich auf seinem winzigen Körper ab, er geleitete mich zu meinem Bett zurück, während er wie ein Maschinengewehr abgehackte Sätze in meinen unterernährten Gehörgang schoss:

«War Davids Idee. Die Festplatte. Er hatte keinen Speicher mehr. RAMs. Wir haben die Dinger geklaut. Bei Vobis. Sind arschteuer, die Speicher. So 90 Gigabyte gezockt. 700 Euro. Der Typ packt uns. Lässt nicht los. Ist schon 'ne Woche her. Die Bullen kommen dazu. Egal, ich bin zwölf. Aber heute 'n Brief vom Familiengericht» – er wedelte aufgebracht mit einem Schreiben in der Hand – «an meine Eltern. Die sollen beide mitkommen. Anhörung, so was. Alter, die bringen mich um.» Er war rot mit weißen Flecken im Gesicht. Langsam legte ich mich aufs Bett. Er setzte sich auf die Bettkante, starrte mich an und atmete schnell. «Bitte, Uwe, Mann, du musst mit mir zu diesem Gericht. Du musst nur so tun, als wärst du mein Vater. Oder mein Stiefvater. Die können mich ja nicht verknacken. Da steht nur was von Belehrung, Elterngespräch und so'n Scheiß. Meine Mum und der Klaus, die machen mich kalt, die kacken mich echt zu, wenn die das mitkriegen. Ich bin gefickt.»

Das Bett schaukelte, weil Thorsten so wild mit den Armen

fuchtelte und immer wieder auf das Laken schlug vor Aufregung. Ich sorgte mich, den Notfall-Flip anbrechen zu müssen, weil meine Bauchmuskeln die Schwankungen der Matratze auszugleichen hatten. Ich hatte meinen Energiehaushalt unter Einhaltung strenger Ruhelage berechnet. «Uwe!» Nie zuvor hatte er einen so flehenden Klang in seiner hohen Stimme. Mir standen noch zehn Wörter für diesen Tag zur Verfügung. Zwanzig hatte ich verbraucht, als ich bei der *Oliver Geissen Show* versuchte, so abgefahren wie Oliver Geissen zu labern. «Hallöchen» nach der Werbung und «Na, du bist schwanger, och Mensch, wollen wir's der Mutti schon verraten?» und «Jetzt machen wir erst mal ein Päuschen». Gelang mir ganz gut. Ich wusste nicht, was ich Thorsten in seiner abgefuckten Lage raten sollte, ich wusste nur, dass ich kaum noch Wörter frei hatte. Ich wog Sätze ab, dachte nach, schließlich sprach ich:

«Frag Radlinger, ob er mitkommt, der wirkt schon voll alt.»

«Bist du bescheuert? Der hat nicht mal Haare am Sack. Bitte, Mann, der Termin ist morgen früh!»

Der Emergency-Flip war so oder so fällig. Noch zwanzig Wörter, dann musste Schluss sein.

«Es geht nicht, Thorsten, ich kann unmöglich hier weg.» Noch elf Wörter.

«Ey, Uwe, ich brauch dich, Alter. Ich weiß nicht, wo ich sonst hinsoll!»

«Ruf doch beim Kindersorgentelefon an. In Garbsen ist das die 447373.» Das war's. Mehr Support war von meiner Seite nicht drin heute, sonst würde ich im Laufe der Restwoche an Unterkräftung sterben. Ich schloss die Augen.

«Willst du mich verarschen!? Hallo!? Uwe! Was soll die

Scheiße?» Thorsten rüttelte an meinen Armen. Ich durfte meine Muskeln nicht anspannen, das waren die derbsten Energiefresser. Schlaff ließ ich mich von ihm durchschunkeln.

«Was machst du denn? Das ist nicht witzig!» Er sprang auf, nahm ein Glas Wasser und kippte es mir ins Gesicht. Ich stellte mir eine Kerze vor und konzentrierte mich auf die Flamme. Thorsten wütete weiter. «Du Wichser, echt! Lässt mich hängen, oder was? Lässt mich im Dreck liegen? Du feige Sau, du Opfer! Spasti!»

Er trat mir in die Nieren, und die Kerze in meinem Kopf erlosch. Aber ich zündete sie wieder an. Ich hatte keine andere Chance. Vergib mir, Thorsten.

Am fünften Tag musste ich so sehr an Malina denken wie an keinem anderen Tag. Ich hatte jede Nacht von ihr geträumt. Ich beschloss, nicht zur Toilette zu gehen, nicht den Ferni anzumachen, noch weniger nachzudenken. Ich wollte alle Energiereserven aufsparen, um heute einmal onanieren zu können.

Es dauerte nicht lang: Ihr Bild wurde klarer und klarer vor meinen Augen, ich war schnell erregt. Ich wünschte mir nichts sehnlicher, als bei ihr zu sein, dass diese Woche zu Ende ging, ich mit prallgefülltem Geldbeutel an ihrer Tür klopfte, sie ausbezahlte und wir einander liebkosen mochten, wie es sich gehörte. Ich zog die Vorhaut langsam hoch und runter, sah ihr Gesicht, ihren Mund. Der bewegte sich, sie sagte: «Auf Wiedersehen, Uwe.» Ich hatte Angst. Was war, wenn diese Woche nie zu Ende ging, wenn ich sie besuchen wollte, aber sie nicht mehr im «Club Jasmin» arbeitete und mich nie wiedersehen wollte. Ich dachte an ihre Brüste und an ihr Lachen und an die Worte, die wir gewechselt hatten. Ich schmeckte eine Träne auf meiner Lippe, ich dachte an Mama, alles platzte auf, ejakulierte, floss und befeuchtete die Dinge – meine Unterhose, meine Wangen, mein Kissen, die Welt.

## 16
### Who Wants To Fuck My Girlfriend

Der achte Morgen. Mein Konto müsste wieder gedeckt sein. Heute würde ich Malina bezahlen und etwas essen können. Es war der Tag, an dem ich erfahren würde, ob ich meinen Job bei Herr Weiß behielt. Meine Nahrungsvorräte waren pünktlich aufgebraucht. Kein Krümel Flip mehr da. Die Luft stand schwer im Zimmer. Im Traum war ich einem Tyrannosaurus begegnet, der Malina angreifen wollte. Jetzt klaffte ein faustgroßes Loch in meinem Kopfkissen. Ich musste es im Schlaf aufgebissen haben, jedenfalls flogen winzige Federn durch die Luft, und größere lagen im Zimmer verteilt.

Ich hatte nicht mal die Kraft für Katzenwäsche. Außerdem ekelte ich mich immer vor diesem Begriff. Katzen leckten sich ja widerlich die eigenen Genitalien ab. Darum duschte ich entweder richtig oder ließ es sein. Ich ließ es sein, zog mich langsam an und wankte anschließend durchs Treppenhaus abwärts. Die Sonne brannte durch den Haustürspalt direkt in mein Gesicht. Ich legte einen Arm vor die Stirn und trat nach draußen. Ein ohrenbetäubendes Orgeln und Summen preschte mir entgegen. Autos schossen wie Silberpfeile über die Karl-Marx-Allee.

Die ersten Schritte auf dem warmen Teer. Ich zog meinen linken Fuß etwas nach, war das Gehen nicht mehr gewohnt, sah nicht viel, musste meine Augen vor dem UV-Licht schützen. Lkws. Hausfassaden. Rechts und links Passanten. Ich erkannte sie nur schemenhaft. Ich schleppte mich vorwärts, überquerte die Straße. Neben mir ging ein Schuljunge auf dem Zebrastreifen. Er sah mich an und zuckte zusammen. Er riss seinen Schulranzen an sich und rannte die letzten Meter über die Straße. Ein paar Mal drehte er sich noch um, dann verschwand er eilig in einer Seiten-straße. Ich blickte hinter mich: kein böses Untier weit und breit, abgespaceter Junge, weiter.

Nach einem halben Tag, eigentlich nach einer Viertelstunde, tat sich leuchtend das rote S mit dem Punkt vor mir auf. Die Spar-kasse Frankfurter Tor. Der Geldschlitz. Diese kleine, schmale Öffnung, von der alles abhing. Ich hielt den Atem an. 100 Euro. Ihre Eingabe wird verarbeitet. Sekundenstille. Dann Trattklack-tratt. Der Schlitz öffnete sich. Wusch. Zurück im Leben. Ich zog den warmen, glatten Schein aus dem Gerät.

Es dampfte und brodelte. Ursula schabte und würzte. Bald stand eine Schale frischer Soleier vor mir, warme Croissants, Kakao. Ich schloss die Augen und biss ins Ei. Und kaute. Und schmeckte. Lorbeerblätter, Pfeffer, Majoran. Ich fühlte mich wie dieser eine blöde Hamster in dem Kinderfilm über französisches Essen – meine Geschmacksnerven erlebten jetzt auch so ein Feuerwerk. Dazu die Gerüche von Kaffee, Ursulas Parfum, Haut und etwas Schweiß. Es duftete nach Vanille. Nach Vanille ... Eine unbe-schwerte Süße lag in der Luft. Das konnte nur sie sein. Ich wusste auch früher immer, wenn Mama nach Hause gekommen war, obwohl ich oben in meinem Zimmer so laut «Counter-Strike» spielte. So laut, dass ich kein Schlüsselgeklirre hören konnte – ich roch sie einfach.

«Wo ist Malina?», fragte ich Ursula nochmal.

«Hab ich doch gesagt, Uwe, sie müsste demnächst kommen.»

«Nein», sagte ich und stand auf, «sie ist hier.» Ich streifte durch den Flur. Es war, als hörte ich sie atmen, als legte sie wieder ihre Hände um meine Schläfen. Ich folgte diesem Geruch in das Zimmer mit dem rosafarbenen Ohrensessel. Nichts zu sehen. Ich setzte mich in den weichen Sessel und atmete aus. Hier war sie zum zweiten Mal aufgetaucht, hier hatte ich mich endgültig in sie verliebt.

«Vorstellungsrunde», rief ich laut, und es lief mir ein Schauer den Rücken herunter. Ich dachte an unsere erste Berührung, die so lange her und die vielleicht vergeblich war, weil sie nie wieder etwas von mir wissen wollte, weil sie es hasste, wenn einer abhaute, ohne zu bezahlen, und sich dann tagelang nicht meldete. Ich hörte Schritte auf dem Flur. «Vorstellungsrunde», wiederholte ich leise. Ich wollte mich meiner Enttäuschung hingeben und wieder gehen, da tauchte ein Gesicht in der Tür auf. Ich blinzelte, aber es kam näher, es war echt. Malina aus meiner Erinnerung hatte sich in Malina aus der Wirklichkeit verwandelt, ungeschminkt und wundergoilst, schlank und strahlend. Sie war wirklich da, ich hatte sie herbei-erinnert.

«Was machst du denn hier so früh?», fragte sie.

«Ich wollte dich bezahlen», sagte ich und hielt ihr den Schein hin. «Leider war ich in der vergangenen Woche plötzlich ganz geschäftlich verhindert. Tut mir leid, dass du dein Honorar erst so spät abgreifen kannst. Dafür zahle ich mit Zins.»

«Zins. Wow. Das ist ja mal ...» Sie stand direkt vor mir. Ich stand langsam auf. Wir sahen uns an. Vorsichtig nahm sie das Geld aus meiner Hand.

Sie trug eine hellbraune Stoffjacke mit spitzer Kapuze wie eine hübsche Tante, Kindergärtnerin oder Süßwarenverkäuferin. Sie hatte sich noch nicht in eine Nutte verwandelt, sie berührte mich, wie eine Süßwarenverkäuferfrau ihren Mann berührte.

«Ja, also, ich muss dann auch schon wieder», sagte ich. «Habe leider keine Zeit für Erotik und all das, ich muss zur Arbeit.» Mein Magen zog sich kurz zusammen, als ich daran dachte, gleich Herr Weiß zu begegnen, dem Mann, der über meine Zukunft entscheiden würde.

Malina betrachtete sich im Spiegel neben der Tür.

«Wenn du willst, begleite ich dich ein Stück», sagte sie und strich sich durch die Haare. Puppenhaare. L'Oréal-Werbungshaare. Ich schnallte nicht richtig, was sie meinte, und hoffte natürlich, sie könnte meinen, dass sie mir auf dem Weg ins Institut Gesellschaft leisten wollte. Also tat ich, als hätte ich sie so verstanden.

«Na klar», sagte ich, «komm doch einfach mit.»

«Okay. Gibt sowieso wenig Kundschaft um die Uhrzeit.»

Wie jetzt? Sie wollte mich wirklich begleiten? Ernsthaft? Mit mir raus aus dem Puff in die echte Welt?

«Verstehe ich jetzt nicht», sagte ich.

«Wieso? Die meisten erscheinen hier erst ab mittags. Also, *let's go.*»

«Aber ... Okidoki!» Keine Spur mehr von Erschöpfung.

Sie sah sie mich sehr ernst an. «Ich hab über dich nachgedacht.»

Wir verließen das «Jasmin». Malinas Absätze klackerten laut auf der Straße. Ein leichter Wind griff nach ihren Haaren und wehte sie durcheinander. Eine kleine Kopfkissenfeder löste sich aus einem der im Laufe der Woche auf meinem Gesicht gewachsenen Flaumbäusche. Ich rannte ihr hinterher, fing sie ein und schenkte sie Malina.

Sie nahm meine Hand. Dann begann sie zu erzählen. Von der vergangenen Woche, wie stressig die war. Ich betrachtete ihren Mund, während sie sprach, sah die notgeilen Blicke der vorbeigehenden Männer, und ein unbändiges Gefühl von Stolz schoss mir durch die Brust. Wie der erste Schultag mit neuem Scorpions-Tour-Shirt oder ein Nachmittag auf dem Spielplatz mit dem armeegrünen Monstertruck, den kein anderer lenken durfte, für den nur ich die Fernsteuerung besaß.

Sie war aus der Tür des Bordells wie eine Zauberprinzessin aus einem Märchenroman herausgetreten und mir ins echte Leben, über echte Straßen und in normalen Frauen-Anziehsachen gefolgt. Wir waren schon weit gelaufen, bis zur Brücke an der Warschauer Straße. Zum Institut waren es nicht mehr viele Häuserecken. Malina blieb stehen. Der Wind wehte ihr unaufhörlich die dunklen Strähnen ins Gesicht. Der Straßenkrach verschluckte ein paar ihrer Wörter. Ich streichelte ihr Haar zur Seite, um in ihre Augen zu schauen. Sie sahen mich an, schauten irgendwie traurig. Ihre Lippen bewegten sich, doch ich verstand nur wenig, manches wurde von Coca-Cola-Lastern und mongoloiden Mopeds mitgenommen. So wie jetzt hatte sie mich noch nie angesehen. Minuten ging das so. Und als wieder einmal eine rote Ampel den Verkehr kurz zur Ruhe brachte, hörte ich sie sagen:

«… und wenn du das, was du gesagt hast, noch immer so meinst, Uwe … dann … kann ich mir das mit dem Heiraten, ja … wirklich vorstellen.»

«Wie bitte?»

«Dann würde ich nicht mehr einfach so im Scherz ‹Ja› sagen, sondern ganz im Ernst.»

«Hä?»

«Tut mir leid, wenn du das jetzt bescheuert findest … Wie peinlich …» War jetzt wieder Fata-Morgana-Time angesagt?

«Ich versteh nix!»

«Ich verstehe es doch auch nicht! Ich hab's dir ja versucht zu erklären. Es ist totaler … Aber es fühlt sich … richtig an. Ich habe noch nie jemanden getroffen wie dich … Ich … will dich heiraten, Uwe. Total bescheuert … Ich habe mich in dich …» Ein bimmelndes Fahrrad überfuhr ihren letzten Satz.

Es musste sich um eine irrtümliche Verschaltung im Traum-Realitäts-Sektor meines Gehirns handeln. Eine Flips-Diät-Wahnvorstellung. Ich verzog den Mund zu einem Grinsen. «Du machst die besten Gags, Malina.»

«Nein, Uwe, kein Gag.»

Ihr Blick war felsenfest. Es war, als würde sie die Brücke mit diesem Blick verbiegen, die Gleise unter der S-Bahn-Haltestelle sprengen, die Stadt durcheinanderwirbeln. Es blitzte und donnerte in meinem Körper.

Sie öffnete ihre Handtasche.

«Das ist mein Familienstammbuch. Und das meine Geburtsurkunde. Wenn du willst, können wir nächste Woche heiraten.»

«Okay», sagte ich leise. Ich nickte gefühlte vierhundertmal.

Sie umarmte mich.

«Okay», wiederholte ich etwas lauter. «Okay», rief ich, sodass sich Malina die Hand aufs Ohr legen musste. «Okay», schrie ich so laut, dass die Hunde der Punks jaulten und bellten und sich hundert Köpfe auf der Brücke nach uns umdrehten. «Okay! Wir werden Mann und Frau!»

Sie hatte sich mir geöffnet. Nun musste ich mich auch ihr öffnen. Ich erzählte ihr von meiner Flips-Woche, davon, dass ich nicht wüsste, ob ich weiter im Beerdigungsinstitut arbeiten würde, dass mein Erbe nicht 800 000, sondern nur 50 000 Euro betrug und dass ich diese Summe in Gerds Firma investieren musste, dass es kein Luxushotel von Mama gab und ich meinen besten Freund vergrault hatte. Malina sah mich an, wie nur eine zukünftige Frau ihren zukünftigen Mann angaffen konnte, und sagte: «Wir schaffen das schon!»

Und ich flog wie ein frischbetankter Jet, wie ein gasbefüllter Ballon – und landete direkt im Institut.

Köhler und Björn saßen beieinander in der Küche und tranken Kaffee. Köhler lachte lauthals: «Und der Obsthändler so: ‹Nehmen Se doch zwei, dann können Sie eine essen.›»

Björn prustete vor Lachen.

«Zwei was denn?», fragte ich und setzte mich zu den beiden an den Küchentisch.

Björn grunzte weiter sein Björn-Lachen und stand auf. «Heute halb acht?»

«Heute halb acht», sagte Köhler. Sie klatschten sich ab wie die Ersatzspieler beim Eishockey. Ich hielt Björn auch meine Hand hin, aber das bemerkte er nicht, sagte nur kurz: «Hi Uwe», und schlich an mir vorbei aus der Küche.

«Was ist denn um halb acht, Köhler?», fragte ich. Karin kam mit ihrer Kaffeetasse in die Küche.

«Ach ja! Heute, ne? Halb acht?», fragte sie.

Köhler nickte. «Halb acht. Alles wieder okay zu Hause?»

«Gott sei Dank, ja. Aber nochmal erlaubt der Idiot sich das nicht!» Karin verdrehte die Augen und zwinkerte Köhler zu. Der grinste wissend.

«Ich geb dir fünf Euro, wenn du mir sagst, was um halb acht ist», schlug ich Köhler vor.

Wieder ging die Tür auf. Leise Schritte. Ich erschrak. Ich war davon ausgegangen, dass Herrn Weiß wie jeden Montag erst so gegen Nachmittag ins Institut kam.

«Guten Morgen zusammen», hörte ich ihn sagen. «Köhler, sag mal, bleibt das bei halb acht?» Ich sah ihn nicht an.

«Klar, Herr Weiß. Um halb acht bei mir. Ich hab auch Weizenbier da!»

«Na, dann kann ja nichts mehr schiefgehen. Ich komme gern. Gut, nun erstmal an die Arbeit.»

«Gebongt!» Köhler sprang auf und tänzelte pfeifend aus dem Raum.

Herrn Weiß griff sich eine Tasse, strich über die Keramik, und ich betrachtete seine Hände.

«Hallo», sagte ich leise, «hallo, Herrn Weiß.»

Ich schien durchsichtig zu sein oder infiziert, irgendwie nur teilexistent. Karin begann, die Spülmaschine einzuräumen. Herrn Weiß brühte sich einen Tee auf. Kamillenduft erfüllte die Küche.

«Es tut mir alles sehr leid, Herrn Weiß.» Jetzt sah ich ihn direkt an.

Er mich nicht. «Das ist das Mindeste, Uwe. Kümmere dich bitte um die Schreinerei und dann um den Keller.»

«Jawohl, Herrn Weiß.»

«Lass das.»

«Jawohl, Herrn Weiß.»

Karin schmierte sich eine Stulle. Manchmal lugte sie zu mir rüber.

Herrn Weiß holte tief Luft und hielt inne. «Nur ein einziges Wort zu irgendeinem Angehörigen, Uwe, und wenn du nur nach der Uhrzeit fragst; nur eine einzige schräge Nummer hier, und ich schmeiße dich achtkantig raus. Ohne Vorwarnung.»

«Gut. Danke.»

«Du hast dich überhaupt nicht zu bedanken. Ich denke vor allem an deinen Vater.» Er nippte am Tee, danach fragte er Karin irgendwas über Fixkostentabellen.

Die Späne flogen, mit ihnen die Stunden. Manchmal schlich ich auf den Kellerflur, um einen Blick in den Kühlraum zu werfen. Wieder waren neue Leben weggewischt, letzte Atemzüge ausgehustet und rausgerülpst. Karin stand da, und Björn und Köhler. Und Köhler fasste einen toten Frauenleichnam an, überall, wo er wollte, und wusch ihn und kleidete ihn ein. Ich kaute auf meiner Zunge.

Kurz vor Feierabend wurde Köhler von einer Nebelkrähe abgeholt. Die hässlichste Frau, die ich je gesehen hatte. Sie gab ihm einen Kuss auf den Mund, und ich fröstelte. Sie trug eine kleine runde Brille, hatte dünnes braunes Flusenhaar bis zum Arsch und eine widerlich bröckelige Unterlippe. Statt Augenbrauen war da ein grüner Strich. Das war eine Feministin, wie sie im Buche stand. Im Horrorbuche. Mit grauen Socken in Sandalen. Jede Wette, dass da nix rasiert war. Nirgends. Der arme Köhler. Wenn es eine goile, abgefahrene Fernsehshow gäbe, die *Who Wants To Fuck My Girlfriend* hieße, in der männliche Kandidaten ihre Freundinnen ins Bordell schicken müssten und ein Countdown liefe, wie lange es dauerte, bis die erste Freundin von einem Mann gekauft wurde, dann würde ich haushoch gewinnen. Und Köhler wäre der Oberlooser. Malina wäre nach nur drei Sekunden zum Rödeln weggekrallt worden. Köhlers Schreckschussflinte würde erst nach Sendeschluss von einem besoffenen Blinden mit Krückstock angesprochen werden.

Ich hatte nicht nur gewonnen, ich war verlobt. Demnächst verheiratet. Superstrike.

## 17

### Gollum

Ich legte die Gabel ab und strich über den gelbgoldenen Ring an meinem Finger. 19,90 Euro pro Stück, von Quelle. Mit Zierrillen. Einheitliche Größe. Passte auf ihren Ringfinger wie auf meinen. Das solide Klunkerwerk war gerade noch rechtzeitig angekommen. Express-Versand.

Der Kellner schenkte nach. «Nur nicht knausern» – ich klopfte ihm auf die Schulter –, «das ist ein besonderer Tag. Auch für Sie. Sie dürfen ein frisch bepaartes Ehewirt getrauen. Quatsch, lall ich. Ein frisch getrautes Ehepaar bewirten.» Ich war lange nicht mehr so gut drauf.

Die Mittagssonne drang durch die Fensterfront ins Steakhouse, machte Halt vor unserem Tisch. Wir saßen fast allein in dem riesigen Restaurant. Malina setzte ihr viertes Glas Sekt an. Ihre Lippen glänzten feucht, ihr Blick wanderte durchs Fenster raus ins Freie, suchte etwas, verfolgte die Autos ins Nichts. Sie hatte keinen Hunger, rührte ihr Pfeffersteak kaum an. Sie war still und ergriffen – wie jede Frau am schönsten Tag ihres Lebens. Ich beugte mich vor, küsste sie und hinterließ einen kleinen Fettfleck auf ihrer Wange. Es war noch nicht mal zwölf, und schon war dies der bedeutendste Tag, seit ich denken konnte. Wir waren jetzt eins.

Der große Moment war schnell an uns vorbeigeflimmert, wie ein glänzender Werbespot für Cornflakes. Türen auf, an den leeren Stuhlreihen vorbei, kurze Rede, Schwindel, Küsschen, die leuchtenden Ringe, Unterschriften, ich stolperte, Tür auf, draußen, herzlich Willkommen im neuen Leben.

Orgeln, Pauken und Flöten waren nicht da, aber in meinem Kopf gaben sie dennoch einen tosenden Soundtrack.

Nur einmal kam da ein Klopfen dazwischen. Ich war aufgeschreckt. Die grauhaarige Standesbeamtin unterbrach die Zeremonie, war zur Tür geeilt. Es hätte Papa sein können. Eingeflogen. Mit Gerd. Aber ich hatte ihnen nichts gesagt. Im Türrahmen stand nur ein Herrn Herwig im Smoking. Seine Verlobte und er wollten getraut werden, man sei jetzt schon achtzehn Minuten drüber. Hinter ihnen lärmten Kinder, klackerten Absätze. «Ja, sofort, wir sind gleich durch», hatte die Standesbeamtin gesagt.

Von der Straße hinter dem Fenster dröhnte es leise, in der Block-House-Küche klimperte Besteck, Gemüsepfannen zischten.

«Du musst dir keine Sorgen machen», sagte ich. «Ich werde für dich sorgen.»

Malina pickte sich ein Salatblatt aus der Beilage und schnitt es vorsichtig in der Mitte durch.

«Du sollst es mal besser haben.» Ich nickte ihr zu.

«Besser als wer?»

Ich dachte nach. Eigentlich war das ja nur so ein lieb gemeinter Spruch jetzt, aber in Rumänien kannte man wahrscheinlich keine Sprichwörter.

«Besser als ich.»

«So was sagen Papas zu ihren Kindern, Uwe, nicht Ehemänner zu ihren Frauen.»

«Zu unseren Kindern werde ich das natürlich auch sagen», strahlte ich. «Aber damit du richtig gut fruchtbar und voller Gebärfreude sein kannst und alles, sollst du es natürlich am besten haben von uns beiden. Ist doch cool.»

Mein Bauch füllte sich mit Fleisch, meine Gedanken wurden klarer. «Und ich werde dich auf gar keinen Fall unterdrücken», setzte ich nach.

«Das ist schön, Uwe.»

«Mach ma' Augen zu!»

Sie kaute langsam auf grünem Blattwerk und schloss die Lider. Ich sah sie an. Ihre feinen Kiefermuskeln zeichneten sich ab. Ich zog den Hochglanzprospekt aus meiner Tasche und legte ihn auf ihren Teller.

«Augen auf!»

Sie blinzelte und nahm die schimmernde Broschüre in die Hand.

«Villa Regina?»

«Inklusive üppiges Frühstücksbuffet. Vier Sterne. Im Harz.» Meine Stimme überschlug sich etwas.

«Das ist ja fein.»

«Finnische Sauna gibt's da auch! Flitterdikritterwochen, lall ich!»

«Oh, wow. Na ja. Ich weiß nicht.»

«Mit Satellitenfernsehen und Direktwahltelefon. Von Freitag bis Sonntag. Nächste Woche!» Beinahe kippte ich mein Sektglas um.

«Ich glaube, wir müssen das verlegen, Uwe.»

«Mit Fahrradverleih!»

Sie dachte angestrengt nach.

«Und eigenem Safe. Und ... Wieso verlegen?»

Malina sah wieder lange aus dem Fenster. Dann wandte sie sich zu mir und wollte etwas sagen, aber ich kam ihr zuvor.

«Du musst echt nix machen! Ich hab an alles gedacht! Ach ja, es besteht die Möglichkeit auf einen eigenen Strandkorb am Pool. Ich wollte dich noch fragen, wie du einen eigenen Strandkorb findest. Außerdem gibt es in der Nähe einen Discounter. Die Straßen sind in einem hervorragenden Zustand ...»

«Das ist eine schöne Idee von dir, Uwe.»

«Ja! Und Diebe gibt es im Harz so gut wie keine, und es ist auch keine Impfung nötig im Vorfeld, nur mit Zecken müssen wir aufpassen. Aber die lutsch ich dir sonst raus ...»

«Super, wirklich, aber wir müssen das wann anders machen. Ich habe, ich muss – du weißt schon, die Arbeit. Gerade am Wochenende ... Ich kann jetzt keinen Urlaub machen.»

Ich nahm den Prospekt an mich.

«Es war das letzte freie Zimmer.»

Ihr Blick senkte sich. Sie nippte nochmal vom Glas und nahm meine Hand.

«Ich verspreche dir, dass wir bald wegfahren.»

«Bald», sprach ich ihr nach. Ihre zarten Lippen näherten sich meinem Gesicht.

«Sehr bald.»

«Okidoki.»

Nachdem ich die Rechnung bezahlt hatte und Malina in ein Taxi gestiegen war, um zur Arbeit zu fahren, fasste ich an den Ring und schob ihn feste meinen Finger hinunter. Er war nicht teuer gewesen, aber das Wertvollste, was ich je besaß. Ich würde ihn beschützen wie Gollum seine heiligen Ringe. Bei Herr Weiß hatte ich mir bis fünfzehn Uhr freigenommen. Es war kurz vor halb eins, ich hatte noch zweieinhalb Stunden für mich. Ich ging nochmal am Standesamt vorbei. Herrn Herwig und seine Frau hatten sich mit ihrer Hochzeitsgesellschaft an der Straße versammelt. Kinder warfen mit Reis und Blumen um sich. Aus einer kanonenartigen Stahlflasche füllte ein kleiner Junge im Anzug Helium in bunte Ballons. Frauen mit krebsroten Köpfen tranken Prickelsekt. Männer grölten belustigt. Ein witziges Mädchen verteilte duftende Nussecken. Ich mischte mich unter die Gäste.

«Ein wunderbarer Tag», sagte ich zu dem Jungen mit der Gasflasche.

«Wer bist du?», fragte er.

«Ich bin Uwe Wöllner.»

«Ich hab dich noch nie gesehen.»

«Ich dich auch nicht.»

«Warum bist du hier dabei?»

«Ich habe heute auch geheiratet!»

Er verknotete konzentriert den Schniepel eines gelben Ballons.

«Kann ich einen haben?», fragte ich.

Der Junge sah sich zu den Hochzeitsleuten um, dann reichte er mir einen knallroten Heliumballon.

«Danke.»

Auf dem Pappkärtchen am Ballon stand in gedruckter Schreibschrift neben zwei aneinandergeschmiegten Herzen: «Joachim und Sibylle Herwig». Ich lieh mir einen Kuli bei einem der Anwesenden, strich die Namen durch und schrieb «Eheleute Uwe Wöllner und Malina Constantinescu» darunter. Ich ließ den Ballon in den Himmel steigen. Er zog langsam an den Bäumen vorbei Richtung Osten. Er flog über die Karl-Marx-Alle, stieg höher, über den «Club Jasmin», und höher, bis ich ihn aus den Augen verlor. Bald, dachte ich, sehr bald.

## 18

### Pretty Woman, Breitmaulfrosch

In unserer ersten Ehewoche war bei mir Stress pur angesagt. Ich konnte mir die Namen der Toten nicht mehr merken,
für mich waren das nur noch Leichen, Leichen, Leichen. Sie
verstopften den Kühlraum wie acht gestrandete Wale eine
Badebucht. Ein Lkw war auf der Warschauer Allee in einen
Rentnerbus gecrashed. Jetzt gab es viel Späne und einiges an
Seniorenhornhaut zu hobeln. Dazu kamen noch vier gewöhn-
lich Dahingeraffte im Laufe dieser Knüppeltage. Ich assistierte
Björn bis nachts in der Sargschreinerei. Herrn Weiß blechte
mir 7,50 Euro pro Überstunde in der Woche und 8,50 Euro pro
Stunde am Wochenende. Ich kam als Erster und ging als Letzter.
Ich war nun Ernährer, ich brauchte das Geld. Björn ließ mich
sogar mit der Kreissäge hantieren und faselte am dritten Tag
etwas von «Fortschritten», die er bei mir bemerkte. Ich nahm
ihn für diese Anmerkung doll in den Arm, auch wenn er mehr
Köhlers bester Kumpel war als meiner. Am fünften Tag durfte
ich neben Köhler und Karin sogar meine erste Leiche anziehen,
die dicke Frau Knappmann.

Dass ich ausgerechnet in dieser Woche Malina nicht sehen

konnte, fand ich fies vom Schicksal, aber sie ging total cool damit um. Kein bisschen Jealousy-Terror wie bei Oliver Geissen, wo die Ehefrauen rumzickten von wegen «Ja, Arschloch, bestimmt bummst du deine Sekretärin». Malina hatte vollstes Verständnis für meine berufliche Situation und ließ mir meine Freiheiten. Das X und Y einer funktionierenden Ehe. Man durfte sich nicht gegenseitig einengen. Sie war eine vorbildliche Ehefrau in dieser Hinsicht und ahnte sicher, dass ich mit meinen Überstunden einen finanziellen Sockelhaufen für unsere gemeinsame Zukunft schuf. Dadurch konnte sie einigermaßen verschmerzen, dass keine Zeit für sexuelle Rendezvous war.

Am siebten Tag Stress hielt ich es nicht mehr aus. Ich musste sie sehen. Um siebzehn Uhr hängte ich meinen Kittel an den Haken und beschloss, Malina mit einem Spontanbesuch und einem Strauß Veilchen zu überraschen. Den Heiratsdokumenten entnahm ich die genaue Anschrift meiner Frau.

In einer heruntergekommenen Seitenstraße, wo der Putz von den Wänden fiel und jemand ein Hakenkreuz an die Tür gemalt hatte, stand ihr Haus. Die Nummer 231 hatte ich schnell gefunden, ein altes Gebäude mit grün lackierter Eingangstür. Aber «Constantinescu» konnte ich nirgends unter den Namen auf den Klingelschildern entdecken. Spiller, Dombrowski, Benthues, Meineck, Salon Elise, sonst nichts. Ich klingelte bei Spiller, Dombrowski, Benthues, Meineck und Salon Elise. Nichts passierte. Dann: Eine Frau meldete sich über die Gegensprechanlage.

«Ich suche die Wohnung von Frau Constantinescu.»

«Yep, aber die ist nicht da.»

Treffer, versenkt, goilst.

«Ich bin ihr Mann.»

«Wa?»

«Ich bin Uwe Wöllner, ihr Mann.»

«Lassen Se mal, ich kauf nix.»

Ich drückte nochmal alle Klingeln auf einmal. Der Türsummer schnörte. Ich betrat den Hauseingang und atmete die modrige Luft ein. Ein langer Schauer lief mir den Rücken herunter. Nichts regte sich. Eine erstarrte Katze beäugte mich von der obersten Treppenstufe im ersten Stock. «Hau ab, du Arsch», zischte ich ihr zu, bevor sie mir ein Bündel allergener Haare entgegenpfeffern konnte. Das Untier blieb ungerührt sitzen. Perser. Das waren die Schlimmsten. Nur ein Haar von dem Vieh, und Herrn Weiß würde nächste Woche einen Smoking für die Ewigkeit in meiner Größe heraussuchen müssen. Ich fuchtelte mit den Armen. Ich fauchte ihr entgegen. Sie machte keinen Mucks.

Ich trat in den Hinterhof und schnappte nach Luft. Das half. Ich frickelte ein loses Stück Asphalt aus dem Boden im Hinterhof, ging wieder in den Flur und richtete es auf das Katzengetier. Obwohl ich einen Wurf antäuschte, glotzte sie nur. Ich warf. Der Klumpen krachte über ihr in das Fenster. Glassplitter klimperten im Treppenhaus und draußen vor der Hauswand. Das Scheißvieh jaulte auf und sprang weg wie Schmidts Katze.

Eine Tür im ersten Stock wurde aufgerissen. «Was soll der Scheiß?» Der Kopf einer jungen Frau mit geflochtenen Zöpfen war zu sehen. «Ich rufe die Polizei!», schrie sie.

«Entschuldigen Sie, ich habe eine Allergie. Die Haftpflicht wird das bezahlen», sagte ich.

Gegenüber der Tür im ersten Stock sprang eine zweite auf. Ein stark schwitzender Mann starrte auf die Scherben, danach auf mich. «Det is Sachbeschädijung», brüllte er schrill.

«Kennen Sie» – ich probierte, ganz gelassen und freundlich zu sprechen – «eine Malina Constantinescu?»

Stille.

«Sie ist Mitte zwanzig. Dunkelhaarig. Braune Augen. Prostituierte. Ich bin ihr Mann.»

Die Frau und der Herr in ihren Eingängen blieben stumm. Kopfschüttelnd verschwand der Schwitztyp schließlich mit einem lauten Türschlag. Das runde, blasse Frauengesicht beobachtete mich weiter.

Ich schritt ganz langsam die ersten Stufen hinauf, ihr entgegen, und glaubte, dass ich jetzt Malinas Duft roch. Sie hatte diese Stufen schon mehrmals erklommen, ich war mir ganz sicher.

Ich hielt der Frau im Türrahmen die Veilchen entgegen, deren Köpfe inzwischen abgeknickt waren.

«Was willst du?», fragte sie eher unfreundlich.

Ich roch den Duft, suchte nach Wörtern und fand keine.

«Mann, ey! Ich hab's ihr tausendmal gesagt, wenn da irgendwann auch nur ein einziger Ficktyp aus diesem Scheißpuff vor unserer Tür steht, dann» – sie war offenbar extrem genervt – «hat sie selbst Schuld! Ich bade das nicht aus! Ja, sie wohnt hier. So. Zufrieden?»

«Ich bin Uwe Wöllner. Ich bin Malinas Ehemann.»

«Ist klar. Verarschen kann ich mich selber! Also! Malina ist nicht da. Und selbst wenn sie da wäre – mach die Fliege jetzt!»

«Ich wollte nur fragen, ob ich eventuell hier auf Malina warten könnte.»

«Sag mal, kommst du aus der Klapse, oder wo ham se dir ins Gehirn geschissen? Ich lass doch hier keine Triebtäter rumlungern!», keifte sie mich an.

Jetzt wurde ich sauer. «Das ist nicht korrekt! Ich bin kein Triebtäter! Ich bin mit Malina Constantinescu verheiratet! Es ist mein gutes Recht, hier zu sein!», schrie ich und hob meine Hand, die Finger, den Ringfinger, den gelbgoldenen Ring, in den der Gravierungsservice von Quelle den Namen «Marlene» eingeritzt hatte. Danach bemühte ich mich intensiv, wieder zu lächeln. «Wir haben vor einer Woche geheiratet. Ich geb Ihnen 50 Euro, wenn ich kurz mal in das Zimmer meiner Frau dürfte. Bitte.»

Sie gaffte mich von oben bis unten an.

«Gott ... Ist das pervers ... Aber nur fünf Minuten! Die Wohnungstür bleibt offen! Und wenn du mich anfasst, dann schrei ich das ganze Haus zusammen!»

«Oki.» Ich hielt ihr den Schein hin. Sie nahm ihn mit zwei spitzen Fingern und machte mit dem Kopf eine Bewegung in Richtung Flur.

Eine Matratze mit Biberbettwäsche, darüber rosige Schweinchenfiguren aus Plastik und Marzipan auf einem Regal. Neben dem Bett befand sich ein CD-Player. Ich entdeckte CDs von Duffy, ein Lämpchen, Cremedosen und Parfumfläschchen, auf denen Jean-Paul Collier und Hilfinger und so stand. Gegenüber vom Schlaflager ein aufgeräumter kleiner Schreibtisch voller Unterlagen. An der Rückseite der Tür ein Poster von Jim Morrison. Kann auch sein, dass es Iggy Pop oder Led Zeppelin war – die drei Typen verwechsele ich immer. Vor einem Schrank aus Holz befanden sich Hausschuhe von Giesswein. Alles war genauestens platziert. Auf dem Nachttisch lag ein Buch mit rumänischem Titel, aus dem ein silbernes Hufeisen mit weißem Seidenfaden lugte. Ich wollte es zuerst herausziehen, hatte aber das Gefühl, damit alles in Unordnung zu bringen. Ich schnupperte stattdessen an einer Stoffschildkröte, die daneben saß. So ungefähr musste gutes Marihuana wirken, dachte ich, es fuhr mir wohlig durch den Bauch, ich erzitterte. Mein Blick blieb an einer blauen Glasflasche hängen, in der eine Sonnenblume steckte. Das war ein richtiges Mädchenzimmer, so wie ich mir die von den Hockeymädchen ausgemalt hatte. Es war nicht viel größer als Papas Ankleideraum in Garbsen, aber es war voll von Malina.

Ich fläzte mich auf ihren Schreibtischstuhl, stieß mich mit den Füßen ab und drehte mich zwei-, dreimal. Nach fünf Minuten legte ich die Veilchen auf ihr Kopfkissen und verließ, etwas schwindelig, das Zimmer meiner Frau. Papa hatte immer alles Mögliche durchgeblättert und angegafft, wenn er mein Zimmer betreten hatte, wie ein Trüffelschwein oder eine Bulldogge, die bei der Drogenfahndung arbeitet. Das hasste ich. Mama hatte das nie getan. Und ich wollte so was auch niemals machen.

«Das war's schon?» Ihre Mitbewohnerin kam mir auf dem Flur entgegen.

«Ja, vielen Dank.»

«Und du hast nirgendwo hingewichst?»

«Nicht das kleinste bisschen.»

Ich ging zur Tür.

«Und du bist jetzt also ihr Mann, ja?»

«Ich schwör's.» Aber es war mir scheißegal, was die glaubte oder nicht. Die Fußmatte sagte: «SEE YOU SOON, GOOD-BYE, FAREWELL», ich stiefelte Richtung Treppe.

«Ich bin Jen.» Sie blieb in der Tür stehen und sah mir nach. «Wenn ihr jetzt echt verheiratet seid, also wenn das stimmt, kann Malina dann endlich bleiben?»

Ich war schon auf dem Weg nach unten.

«Hey, sag mal, darf sie bleiben?»

Natürlich durfte sie bleiben. Warum sollte sie nicht bleiben dürfen?, dachte ich. Schräg drauf, die Alte.

Als ich zu Hause ankam, lief quasi *Pretty Woman*. Den Film hatte ich erst ein paar Tage vorher zum Einschlafen im Fernsehen gesehen. Total nuttendiskriminierender Schrott. Nur weil eine Frau Prostituierte war, musste das doch nicht heißen, dass sie wie Julia Roberts nix anderes draufhatte, als Chip-Monkey-Style in der Badewanne rumzuzwitschern, oder nicht wusste, wie man in einem Restaurant mit Messer und Gabel aß. Malina konnte sich im Block House hervorragend benehmen. Besser als ich. Die Sour Cream ging noch nicht mal mit Spüli aus meinem Holzwollehemd. Richard Gere hielt natürlich auch nur deshalb am Hollywood Boulevard an, um nach dem Weg zu fragen. Klar, 'ne Limo ohne Navi, wer's glaubt. Und natürlich wollte er auf gar keinen Fall eine der goilen Nutten zum Rödeln von der Straße abgreifen. Unrealistischer geht es ja wohl nicht! Ich war schließlich auch ganz konkret im «Club Jasmin», um sexuell mit Malina zu schlafen und nicht weil ich nach der Uhrzeit in Jakutsk fragen wollte. Typisch Hollywood.

Die einzige gute Szene war die am Schluss, als Richard Gere in seiner Luxuskarre überraschend vor dem Apartment des langbeinigen Breitmaulfrosches aufkreuzte. Sie hatten sich lange nicht gesehen, und er jumpte einfach mir nichts, dir nichts die Feuerleiter zu ihr hoch. Da musste ich heulen. Und genau diese Szene spielte sich jetzt live vor meiner Wohnung ab. So eine ähnliche zumindest. Ohne Feuerleiter. Malina war ganz normal mit dem Aufzug bis zu meiner Haustür gefahren. Für mich war es aber genauso überraschend wie im Film. Sie stand einfach zwischen Lichtschalter und Klingelknopf, als ich heimkehrte, und ich sprang ihr in die Arme.

Während ich auf der Fensterbank zwei Teelichter anzündete, die der Vormieter in einer Küchenschublade vergessen hatte, sagte sie: «Meine Eltern kommen übermorgen zu Besuch.»

Vor Aufregung verbrannte ich mir den Daumennagel am Streichholz.

«Ich wollte es dir nicht am Telefon sagen. Ich habe da nämlich eine kleine Bitte an dich.»

«Klaropoparo!», jubelte ich. «Ich werde deine Eltern nochmal offiziell nach deiner Hand fragen. Nachträglich. So in der Art: ‹Lieber Herrn Constantinescu›» – ich ging auf die Knie –, «‹Sie freuen sich sicher schon sehr, dass Ihre Tochter aus Ihrem so verarmten Land einen guten Mann aus dem komfortablen Westeuropa geehelicht hat, nichtsdestotrotz möchte ich selbstverständlich die Form wahren und höflich anfragen, ob Sie auch sicher nichts dagegen haben, wenn Ihre Tochter Malina...›»

«Nein, Uwe, ich dachte anders...»

Ich richtete mich auf. «Gut, muss ja nicht auf Knien sein.»

«... meine Eltern wissen nicht, womit ich mein Geld verdiene... Ich habe ihnen gesagt, ich arbeite in Deutschland als Pflegerin.»

Ich musste lachen.

«Nicht witzig, Uwe. Meine Eltern denken, ich betreue behinderte Menschen. Jetzt wollen sie sehen, wie ich das so alles mache.» Malina setzte sich auf meinen Schreibtisch und sah bedrückt aus. «Sie sind stolz auf mich. Wenn sie kommen, muss ich so tun wie eine echte Behindertenpflegerin.»

«Du kannst dich doch schnell in so einer Anstalt für kleine Mongo-Kinder anmelden. Für ein Schnupperpraktikum! Ich hab so was mal in 'ner Molkerei gemacht, und das ging...»

«Nein, nein. Ich habe schon nachgedacht und eine bessere Idee, was ich tun könnte.»

Ich setzte mich gespannt aufs Bett und sah sie an. Malina hatte natürlich längst einen Plan ohne Richard Geres Hilfe geschmiedet. Echte Nutten kamen nun mal alleine klar.

«Ich weiß noch, wie du mir den Film mit den Ghostbusters vorgespielt hast – du bist wirklich schauspielerisch talentiert, Uwe.» Sie lächelte. «Kennst du den Film *Rain Man*?»

Ich schüttelte den Kopf. Ich erinnerte mich allerdings an das Kinoplakat: zwei Männer, einer war groß, einer kleiner. Der eine sah cool aus, trug blaue Jeans und eine beige Jacke, der andere war Tom Cruise, wirkte unsicher und versteckte sich hinter einer Sonnenbrille.

«Also, der Rain Man ist ein geistig gestörter Kauz, der in einer Anstalt wohnt», fuhr Malina fort.

Klar, das war dieser verstörte Cruise-Typ mit der Sonnenbrille. Ich nickte.

«Und als der Vater von Rain Man stirbt, holt ihn sein großer Bruder ab und kümmert sich um ihn.»

«Der Checker mit der beigen Jacke!»

«Wer? Weiß ich nicht. Kann sein. Auf jeden Fall ist Rain Man ein Autist. Das sind Menschen, die ein bisschen komisch sind, behindert halt, seltsame Dinge tun. Streichhölzer zählen oder immer wieder das Gleiche sagen.»

«Okidoki!»

«Eben.»

Malina wollte mich ihren Eltern vorstellen, und ich sollte so tun, als sei ich irgendwie nicht ganz normal in der Birne. «Du musst da gar nicht viel machen», hatte sie mir versichert. Mama und Papa aus Rumänien sollten glauben, Malina kümmerte sich um Rain Men und würde in deren Wohnungen täglich nach dem Rechten sehen.

«Weiß ich jetzt nicht ...», überlegte ich. «Aber ich denk drüber nach!»

Sie hüpfte auf mich zu, griff nach meinen Ohren und küsste mich auf die Nase. «Danke», rief sie. «Du bist ein Schatz!»

«Wollen wir morgen in den Zoo?»

«Ui ... Furchtbar gern ... Nur morgen wollte Ursula mit mir was trinken. Andermal super gern.» Wieder ein Kuss, diesmal auf die Stirn. «Dann gehen wir zu den Tigern. Die sind wie du.»

Malina sah mich lange an.

«Sag mal, Uwe» – sie zog ihre Stirn kraus –, «dieser Betrag, den du in die Firma von deinem Bruder gegeben hast ...»

«Ja, 50 000 geerbte Kröten, lall ich.»

«Gehört dir dafür ein Teil von der Firma?»

«Da bin ich jetzt auch wieder überfragt. Glaub ich aber nicht. Weil – sonst müsste ich da ja mitentscheiden alles und so, und das wäre mir jetzt auch zu anstrengend. Das ist einfach fest angelegt bei Gerd, und irgendwann kriege ich Zinsen.»

«Ich weiß. Ich wundere mich nur, weil du ja gesagt hast, dass du das Geld lieber behalten hättest, aber dein Vater dagegen war.»

«Ja, gut. Papa kennt sich halt am besten aus mit Geld.»

Sie legte ihre Hand um meinen Hinterkopf.

«Lass dir nicht alles gefallen, Uwe. Du bist ein erwachsener, toller Mann. Du kannst mit deinem Erbe tun und lassen, was *du* willst, nicht, was dein Vater im Sinn hat, nicht, was dein Bruder sich wünscht.»

Sie gab mir einen Kuss auf die Lippen.

«Lass dich nicht zum Kasper machen. Hol es dir zurück, Uwe.»

Sie nahm nun ihren Schlüsselbund von meinem Schreibtisch, steckte ihn ein und zwinkerte mir zu.

«Du schaffst das. So, und jetzt muss ich nach Hause.»

«Du bist zu Hause», feixte ich. «Hast du Hunger? Wir können bestellen!»

«Du, Uwe, ich bin hundemüde. Lass uns bald mal zusammen richtig ausgehen, okay?»

«Okidoki, schlaf dich erst umfassend aus!»


22:30 Uhr. Papa sah jetzt *Tagesthemen*. Egal. Er scherte sich auch nicht darum, wenn bei ProSieben in *taff* gerade ein Urlaubsspecial über Collien Fernandes lief, in dem sie über ihre Männervorlieben laberte. Ich wählte unsere Nummer.

«Wöllner?»

«Ja, hallo Papa, hier ist Uwe Wöllner.»

«Uwe!»

«Ja, korrekt. Ich wollte dir nur nochmal sagen, also, wegen der 50 000 Euro, da habe ich inzwischen ...»

«Ja, Uwe», unterbrach Papa, «der Gerd hat sich riesig gefreut. Er wird sich auch noch persönlich bei dir melden. Ein sehr gutes Investment. Das war vernünftig von dir. Das zahlt sich aus, wirst sehen. Ich bin froh, dass du inzwischen so erwachsen zu sein scheinst, das Richtige zu tun.»

«Ja, also … Genau. Gut. Das wollte ich nur nochmal sagen.»
«Schön, Uwe!»
«Ja, okidoki dann, gute Nacht, Papa!»
«Gute Nacht, Uwe!»

## 19
### Bruce Willis

Auf dem Hausflur begegnete ich Thorsten. Ich wartete auf den Aufzug, und als die Fahrstuhltür aufging, kam er heraus.

«Hey, cool dich zu sehen. Ich bin jetzt verheiratet!», rief ich.

Thorsten sah an mir vorbei. Er machte zügige Schritte aus der Fahrstuhlkabine und rempelte mich im Vorbeigehen an.

«Es war ihre Idee! Malina ist jetzt meine Frau! Wie find'st?!»

Doch er drehte sich nicht um, hob nur den linken Arm, reckte seinen Mittelfinger und verschwand durch die Haustür nach draußen. Mit dieser Geste wollte er mir offenbar signalisieren, dass er gerade nicht hundertprozentig gesprächsbereit war. Vielleicht war er auf dem Weg zum Familiengericht, wo seine Mum und der Klaus schon mit dem Richter auf ihn warteten. Seit ich wegen meiner Flips-Diät keine Zeit gehabt hatte, für seine Eltern einzuspringen, waren wir uns nicht begegnet. Ich hatte zwar öfter bei ihm angerufen, aber die Verbindung wurde jedes Mal getrennt, wenn ich «Hier ist Uwe…» sagte. Ich hatte ewig nicht mehr «Far Cry» mit ihm gespielt, dafür viele Ehemann-Aufgaben erledigt, zum Beispiel gearbeitet. Mein Eheleben bedeutete quasi einen Eingriff in meine Privatsphäre. Das musste Thorsten irgendwie begreifen. Vielleicht sollte ich Malina mal bitten, ihn in die Kunst der erotisch-sexuellen Liebe einzuweisen, damit er die Hintergründe meiner zeitlichen Unflexibilität wenigstens ein bisschen verstehen konnte. 60 Euro waren zwar kein Pappenstiel, aber wenn seine Eltern noch mit drauflegten und wir gemeinsam auch unter erziehungstechnischen Gesichtspunkten über die Möglichkeiten einer halben Stunde mit Malina berieten, dann könnte das doch was werden, und Thorsten würde mich wieder aufgedreht wie früher mit «Hi Spasti» begrüßen.

Ich hatte einige Gedanken im Kopf hin und her geschleudert – und danach beschlossen, Malina bei ihrer Notlüge zu unterstützen. Zwar hatten Lügen schiefe Beine, und vor allem das Elternhaus sollte man laut der Bibel niemals betrügen, aber ich war ja nicht der Papst, der ausschließlich Wahrheitsqualm aus seinem Schornstein rauslassen durfte, damit er und seine Messdiener nicht runter ins Fegefeuer mussten. Außerdem hatte meine Ehefrau recht: Ich war ein ganz cooler Schauspieler. Einen Behinderten zu mimen, das war anspruchsvolles Training. Mich beruhigte seit Urzeiten, dass ich immer noch Charakterdarsteller werden könnte, wenn alle Seile abrissen, wenn auch Gerd und Papa ums Leben kamen und ich nie wieder einen Job finden würde. Einfach bei so einer Agentur anmelden und in irgendeiner Serie oder im Kino mitspielen. In der Not isst man Teufel.

Nun gab ich also den Rain Man. Eine echte Herausforderung. Denn ich wollte ihn nicht so kitschmäßig wie in der Hollywoodverfilmung spielen, von der ich nur das Poster kannte, sondern ich legte meine Rolle als ganz realistischen Rain Man aus Berlin an. Dazu studierte ich 117 Webseiten über Autismus.

Und dann erschienen die Schöpfer meiner Frau. Zwei Menschen, die der Welt und mir Malina schenkten. Sie kamen mit dem Zug aus ihrer Heimat, aus Bukarest. Sie wollten drei Tage bei Malina rumlungern, sich das Brandenburger Tor geben und ihrer Tochter als Behindertenpflegerin in Deutschland über die grazilen Schultern schauen. Ich öffnete die Wohnungstür, hatte statt meiner Sehhilfe eine coole Sonnenbrille auf, genau wie der Autist auf dem Kinoplakat, und musste die Augen zusammenkneifen, um die Gesichter von Malina, Aurica und Cosmin Constantinescu halbwegs zu erkennen. Aurica war etwas größer als ihre Tochter, trug eine kräftigere Oberweite, war aber ähnlich hübsch. Sie trug eine dunkle Dauerwelle, grüne Augenschminke, große goldene Ohrringe und hatte sich bei Malina eingehakt. Auf Cosmins Glatze glänzte die Neonbeleuchtung des Treppenhauses wie in einem runden Spiegel, er war klein, trug einen Anzug aus dunkelrotem Stoff und hatte einen Gesichtsausdruck, dass ich ihm auf der Stelle all meine Ängste und Perversionen anvertrauen wollte.

Sie strahlten mich an. Ich trug einen quietschgelben Fahrradhelm und schob meine Zunge so weit wie möglich aus dem Mund, um sie über mein Kinn baumeln zu lassen. Dazu brummte ich monoton und ließ einen Spuckefaden aus dem Mundwinkel sabbern. Malina riss die Augen auf. Noch ehe mich irgendwer begrüßen konnte, stieß sie mich in die Wohnung, rief ihren Eltern «stapscho stuptisch» oder so was zu und schlug mit dem Fuß die Tür vor ihren Nasen ins Schloss.

«Was machst du?», zischte sie mich an, riss meine Sonnenbrille herunter und versuchte, den Helmgurt an meinem Kinn zu lösen.

«Wie, was mache ich? Ich bin doch behindert.»

«Pscht, nicht so laut.» Sie drehte sich zur verschlossenen Tür, hinter der sich meine Schwiegereltern nun sicher wunderten. «Du sollst einen Geisteskranken spielen, keinen Zirkusclown.» Sie nahm mir den Helm vom Kopf. «Meine Eltern sind Rumänen, aber nicht blöd!»

«Ich habe gelesen», flüsterte ich, «dass sich die Autisten Helme aufsetzen, wegen Abgrenzung von der Außenwelt und ...»

«Du bist Rain Man», fauchte sie mich leise an, «ein gewöhnlicher Behinderter! Lass die Zunge drin und setz deine normale Brille auf! Sei einfach, wie du sonst auch bist!»

Da schoss mir durch den Kopf, dass Bruce Willis auch immer aussah wie Bruce Willis, selbst wenn er die unterschiedlichsten Rollen spielte. Deshalb wirkte er in all seinen Filmen so realistisch. Das war der Trick. Malina war echt schlau.

«Oki, stimmt. Aber dann erkennen die mich doch später wieder, wenn du mich als ihren Schwiegersohn vorstellst.»

«Das machen wir schon ...» Sie drückte meinen Arm und öffnete die Tür wieder. Mutter Aurica schaute besorgt. Vater Cosmin lächelte mich herzlich an. «Bin Papa von die Malina, und ist Mama von die Malina», sagte er übertrieben deutlich und mit starkem Akzent, «musst haben vor uns keine Angst.» Vorsichtig hoben sie ihre Hände und winkten mir zaghaft zu. Malina bat sie herein.

«Schuhe aus bitte.» Hektisch zeigte ich auf die Füße meiner Gäste. Cosmin lachte verständnisvoll, während er sich sofort zu den Schnürsenkeln seiner braunen Halbschuhe beugte. Malina schlüpfte aus ihren Sneakers. Ihre Mutter ächzte. Sie trug extrem enge Lederstiefel und kam nur mit Mühe da raus. Malina stützte sie von hinten, und Cosmin ließ von seinen Schleifen ab, um seiner Frau ebenfalls beim Ausziehen ihrer schweren, langen Treter zu helfen. Meine angeheiratete Familie zog, hievte und stöhnte gemeinsam rund um Mama Auricas Beine herum. Sie taten das eingespielt und irgendwie behutsam. Ein rumänischer Reigen. Am liebsten hätte ich mitgemacht, aber ich war ja Autist. Bald, dachte ich, würde ich als Schwiegersohn dazugehören, dann könnte ich an ihrem zweiten Stiefel zuppeln und Aurica auch so aufmunternd angaffen, wie Cosmin das tat.

Als das erste feste Schuhwerk plötzlich nachgab, fiel Cosmin mit dem Lederstiefel in den Händen rücklings in den Hausflur. Aurica und Malina prusteten los und halfen dem giggelnden Papa wieder auf die Beine. Malina gab ihm einen Kuss auf die Wange, und der zweite Stiefel war an der Reihe. Als sie fertig waren, kicherten sie weiter wild durcheinander, warfen sich rumänische Wörter zu, und Malina und Cosmin nahmen Aurica in den Arm. Da konnte ich nicht anders. Ich sprang dazu und umarmte alle drei gleichzeitig.

«Hier bin ich also jeden Abend» – sie sprach in zärtlichem Ton zu ihren Eltern, während die sich stolz in meinem Zimmer umschauten – «und mache alles fertig und koche das Essen für Uwe…»

«Fred!», unterbrach ich. «Mein Name ist Fred. Fred Schnorhans» – ich reichte ihnen die Hand –, «und ich bin seit vielen Jahren geistig behindert.»

«Oh!» Aurica machte große Augen. «Dann es ist gut, Malina kommt und schaut nach dir.»

«Ja, korrekt», pflichtete ich ihr bei, «ohne Malina wäre ich aufgeschmissen wegen meiner Informationsverarbeitungsstörung im Gehirn und vor allem wegen meiner Defizite in der Kommunikation mit anderen Menschen.»

«O ja, o ja.» Sie blickten mir voller wahrhaftigem Mitleid direkt in die Augen. Cosmin legte sanft seine Hand auf meine Schulter und guckte mich genauso an, wie der Vater meines ehemaligen Klassenkameraden Michael Hufschmied seinen Sohn stets ansah, nachdem Michi beim Tennis verloren hatte. Total aufbauend, fast wie Jesus Christus.

«Uwe hat da so eine Sache mit Namen, er nennt sich jeden Tag anders», erklärte Malina. «Und hier schläft der Uwe immer.» Sie hob meine Bettwäsche hoch, schüttelte sie und warf sie luftig auf die Matratze, so wie sie im «Jasmin» immer das Handtuch herrichtete, auf dem wir dann miteinander schliefen. «Ist wieder Zeit, Uwe, ne? Bist du schon bisschen müde?»

Ich verstand und nickte. Sofort begann ich, mich auszuziehen. «Ui, willst du nichts essen vorher?», fragte Malina.

Ich knöpfte hastig mein Hemd auf und sagte: «Nee, weißt ja, wegen meines unflexiblen Festhaltens an ritualisierten Gewohnheiten könnte ich in Anwesenheit deiner Eltern eh nicht so gut essen.» Ich zog die Socken aus und wendete mich an Aurica und Cosmin: «Verstehen Sie? Also, nichts gegen Sie jetzt, ist nett, dass Sie vorbeikommen. Aber ich würde anfangen, wahllos Gegenstände aus dem Fenster zu schmeißen, wenn ich jetzt essen müsste, wo zwei fremde Personen mit im Raum stehen. Autismus. Ist halt so.» Malinas Eltern hoben die Augenbrauen und nickten wissend. Ich zuckte mit den Achseln. «Wahrscheinlich genetische Faktoren, kann man nix machen.» Ich ließ die Hose herunter, und für einen Moment stand ich splitternackt vor meinen Schwiegereltern, bis mich Malina flink in meine Bettdecke hüllte.

Sie legte mich langsam auf meine Matratze, und dann schrie ich aus voller Brust anhaltend schiefe Tonfolgen in sehr hohen Frequenzbereichen. Malina zuckte zusammen. Die Constantinescus erstarrten entsetzt. Zu meinen grellen Schreien mischte ich heftige Zappelbewegungen. Malina presste ihre flache Hand auf meine zuckende Stirn und versuchte meine sich unbändig windenden Beine festzuhalten. «Sie müssen raus!», brüllte ich, «raus, sie müssen raus!»

«Ist ja gut, Uwe», rief Malina. Ich hörte nicht auf zu kreischen. Sie nahm ihre geschockten Eltern an den Armen und schob sie rasch ins Treppenhaus. Erst als ich das Zufallen der Wohnungstür vernahm, hörte ich mit dem Geplärre auf.

«Was soll das, Uwe?»

«Sind sie draußen?»

«Ja, was war das jetzt?»

«Das war total realistisch!» Wieder stieß ich eine Kette schrillen Wehgeschreis aus.

«Hör auf damit, Uwe!»

«Okidoki. Deine Eltern sind supercool, echt. Kannst du sie jetzt erst mal wegschicken, und dann komme ich nachher zu euch, und du stellst sie mir richtig als meine Schwiegereltern vor?»

«Das geht heute nicht, du siehst doch … Wir können irgendwann …»

«Na gut. Aber kann ich nicht wenigstens noch etwas mit dir allein sein? Wir hatten so wenig voneinander, immer nur Stress, Stress, Stress. Ich hab dich übelst vermisst.»

«Uwe, das können wir doch ein andermal nachholen, bald ...»

Ich schmetterte den höchsten Ton, den ich je in meinem Leben in einem Jammerschrei zu gellen in der Lage war.

«Okay, okay ... Ich sag ihnen, sie sollen schon mal vorfahren, ja?»

Ich war Bruce Willis.

Ich zog sie wortlos zu mir aufs Bett und öffnete die Bettdecke. Der Bezug war frisch gewaschen. Zum ersten Mal, seit ich hier wohnte. Sie drückte mich schwach aufs Kissen. Ich schloss die Augen, und sie legte ihre Fingerkuppen auf meine Lider. Ich sah den Grundriss unserer zukünftigen Familienvilla am Stadtrand. Als Bodenbelag würde ich Teppich auswählen, weichen gelben Teppichboden mit roten, sich züngelnden Flammenmustern bestickt. Sie öffnete meinen Hosenstall. Ein Haus voller rumänischer Zierblumen in Flaschen, in Töpfen, Ponys im Garten, eine Blockhütte für Aurica und Cosmin. Sie griff nach meinem Penis und rieb ihn hoch und runter. Ich rannte die Treppe hoch ins Schlafzimmer, das komplett verspiegelt war, und wieder runter ins Wohnzimmer, wo der Papagei unsere Namen krächzen konnte. Ich spritzte in ihre Hand.

Sie versuchte, die Tür hinter sich zu schließen, irgendetwas blockierte aber den Spalt. Ich ging ans Fenster und sah ihr nach. Unten stieg sie in ein Taxi. Ich hauchte gegen die Scheibe und malte auf dem Kondenswasser ein halbes Herz.

## 20

### XXL-Rokoko-Kerzen und Fingerfood

Mein Körper war seit unserer Hochzeit wie von einer durchsichtigen Elfe mit Wunderkraut behandelt worden und glänzte seidig. Zum ersten Mal, seit ich nach dem morgendlichen Wichsen zu zählen begonnen hatte, war die Zahl meiner Hautekzeme und entzündeten Mitesser nicht zweistellig. Ich war wie frisch bezogen.

Nachdem ich in der Stress-Woche eine Überstunde nach der anderen geschoben hatte, schienen mir die Kollegen eine natürliche Art von Respekt entgegenzubringen. Sogar Köhler sah auf, wenn ich an ihm vorbei aufs Klo ging. Ich hatte keine Schmerzen, wenn ich schwere Holzbohlen die Treppe hinunter in den Keller trug. In meiner Fantasie räumte ich Möbel in das große Haus mit den Türmchen am Stadtrand, in das Malina und ich eines Tages ziehen würden. Ich fühlte mich leicht, auch wenn meine Anfrage, ob ich eventuell mal den Leichenwagen zu einem Einsatz fahren dürfte, von Herr Weiß abgelehnt wurde.

Am Freitagmittag fuhr Herrn Weiß mit Köhler zu einem Trauergespräch. Natürlich wäre ich der rechtmäßige Beifahrer von Herr Weiß gewesen. Aber dann dachte ich wieder an die grottige Freundin von Köhler. Er tat mir leid mit seiner Höllenversion von Ugly Betty, und ich gönnte ihm seine Hausbesuche als eine heimliche Geste des Trosts.

«Wir sind gnadenlos unterbesetzt, Karin ist krank. Ich kriege tierisch was auf den Deckel, wenn Weiß das erfährt, aber bitte kümmere du dich kurz um den da.» Ich wusch mir gerade die Hände, als Björn neben mir fuchtelnd durch den Flur in den Empfangsraum zeigte und aus der Sargschreinerwerkstatt das helle Tonsignal schrillte, woraufhin man eine neue Spanplatte in die Lackiermaschine schieben musste. «Ich mein, kümmere dich irgendwie um den Kunden da hinten, aber rede kein Wort mit ihm!»

Ich gaffte Björn an. «Bist du dir sicher? Herrn Weiß hat gesagt, ich darf nicht mal in die Nähe eines …» Wieder das Schrillen. Björn wurde hektischer.

«Was soll ich machen!?» Er war mit Spänen, Lack und noch irgendetwas zugekleckert, und erneut schrillte die Glocke des Lackierapparats, den noch immer nur Björn und Karin bedienen durften. «Wenn du das Auto vom Chef siehst, flitzt du sofort zurück in die Schreinerei und bist nie vorne gewesen, ja?!»

«Nie im Empfangsraum gewesen», wiederholte ich und rieb mir die Hände.

«Ansonsten geb ich den Einlauf von Weiß an dich weiter!»

«Wie jetzt? Einlauf?» Es schrillte inzwischen in immer kürzeren Abständen, und Björn war schon in die Werkstatt gehetzt.

Ich betrat den Empfangsraum und schritt vorsichtig auf den neuen Kunden zu. Meine Lippen fest aufeinandergelegt. Wild entschlossen, mich um einen um die vierzig Jahre alten Trauerkloß mit Hängeschultern zu kümmern, wild entschlossen, kein

Sterbenswörtchen mit ihm zu reden, wild … ohne zu wissen, wie das jetzt funktionieren sollte.

Er saß tief in sich versunken vor dem Schreibtisch von Herr Weiß, die Arme auf die Knie gestützt, seinen Kopf hielt er mit beiden Händen wie eine schwere Bowlingkugel. Ich setzte mich ihm gegenüber an die offizielle Seite des Tisches und prüfte, ob ich von hier durch das Schaufenster mitbekommen würde, wenn Herrn Weiß zurückkehrte. Mein Herz klopfte. Ich sah den Mann an. Er trug ein braunes Cordsakko zu blauer Jeans und hatte ein getöntes Nasenfahrrad auf. Behutsam erhob ich mich und tastete wie ein Blinder nach seinem Jackettärmel, um einen ersten Kontakt herzustellen. Der Mann schreckte auf und zog seinen Arm weg. Ich konnte durch seine Sonnenbrillengläser erkennen, dass mich seine verquollenen Augen fixierten. Auffordernd nickte ich ihm zu und zuppelte an meinem Hemd, um pantomimisch vorzuschlagen, er könne doch seine dicke Jacke ablegen.

Der Mann schüttelte den Kopf.

Ich setzte mich wieder, lächelte ihm vorsichtig zu und machte eine Trinkgeste.

«Ich habe keinen Durst. Wann kommt der Herr Weiß?»

Ich spreizte alle zehn Finger auseinander.

«Zehn Minuten? Gut.»

Bis hierhin lief es astrein. Wir schwiegen. Wenn sich zufällig unsere Blicke trafen, zwinkerte ich ihm tröstend zu, blies aufmunternd die Wangen auf oder rundete kurz die Lippen wie ein Karpfen. Stets lenkte er seinen entsetzlich leeren Blick in eine andere Richtung.

Ich nahm einen Notizzettel von Herr Weiß, notierte «Darf

nicht sprechen, bekomme sonst Einlauf» und gab ihn dem Hinterbliebenen.

Er runzelte die Stirn. Eine dicke, runde Schweißperle rann von seiner Schläfe.

«Aha.» Er wankte leicht.

Wieder riss ich einen Zettel vom Block. «Hören Sie auf», sagte der Trauermann schleppend. «Sie müssen weder mit mir reden noch ... Ich warte einfach, gut? Ich will hier keine Unterhaltung. Ich will nur die Sachen für die Beerdigungen regeln, und dann hat sich das für mich.»

«Ich leiste Beistand. Wie fühlen Sie sich?», schrieb ich ihm auf.

Er las meine Notiz, biss die Zähne zusammen, pumpte seine Kiefermuskeln und kniff sich für ein paar Sekunden in die Augenbrauen. Danach ließ er seine Hände klatschend auf die Knie schnellen. «Beistand» – er redete ganz ruhig –, «da setzen Sie sich hier hin, ohne den geringsten Schimmer von irgendwas, und stellen sich vor, mir beistehen zu können.» Er atmete langsam ein und wieder aus und verzog den linken Mundwinkel ein bisschen. «Sie hampeln da vor mir herum und kritzeln auf Zettelchen und schielen mich an durch Ihre Spastikerbrille wie ein zurückgebliebener Vollidiot, wenn die Bahn kommt, und wollen wissen, wie ich mich fühle. Sehe ich das richtig?» Er sprach leise und gleichmäßig, die Hände seelenruhig auf seinen Oberschenkeln. Mir schauderte. «Soll ich Ihnen etwas sagen?» Der Mann beugte sich sachte zu mir über den Schreibtisch. «Ihre Mütze, die Sie da aufhaben» – er schaute über den Brillenrand und deutete mit den Augen auf mein Cap –, «genau so eine hatte meine Tochter. Mit demselben Bugs Bunny drauf. Den hatte sie gern, den hatte sie sogar auf ihrem Federmäppchen. Haben Sie auch ein Bugs-Bunny-Federmäppchen?» Ich schüttelte den Kopf. Der Mann lehnte sich wieder zurück. «Nein? Hat Ihre Mutti Ihnen keins geschenkt? Meine Tochter hat sogar eine Duffy-Duck-Schultüte zur Einschulung bekommen. Letzte Woche. Und wo Ihr schiefer Mund gerade so grenzdebil offen steht, interessiert Sie sicher auch, dass ich meiner Tochter vorgestern ihren Winnie-Puuh-Schlafanzug angezogen habe, als ich ihr sagen musste, dass ihre Mutter tot ist.»

Ich schnappte nach Luft, schaute bange nach draußen, Herrn Weiß war nicht in Sicht, der Mann redete weiter. «... und dass sie sie nie wiedersehen wird. Frontairbag. Seitenairbag. Meine Frau war angeschnallt. Aber ihre Milz ist gerissen, und durch einen Beckenbruch sind fünf Liter Blut in ihren Unterleib gelaufen. Ich dagegen» – er schob seinen Hemdsärmel hoch, unter dem ein längliches Pflaster auf dem Unterarm klebte – «kleiner Kratzer. War nicht angeschnallt. Hab den Tieflader hinter der Kurve nicht gesehen. Und jetzt können Sie mir ja ein paar Bildchen malen oder etwas Ulkiges vortanzen.» Er legte gemächlich die Hände in den Schoß. «Und falls Sie immer noch wissen wollen, wie ich mich fühle, Sie Freak» – er sah mir direkt in die Augen und verzog keine Miene, ich starrte ihn an, der Mann flüsterte –, «wie in kleinste Stücke gehackt und eingekocht, so fühle ich mich.»

Schlagartig war mein Mund staubtrocken. Ich schmeckte Quittengelee. Unablässig glotzte ich den Mann mit der getönten Brille an, meine Arme kribbelten wie eingeschlafen, mein Körper war gelähmt. Der Mann vergrub sein Gesicht unter seinen schweren Händen und ließ seinen Kopf wie ohnmächtig vornüberkippen.

«Ich habe auch eine Frau.» Die Wörter schoben sich zäh aus meinem Mund, wie vertrocknete Zahnpasta aus einer fast leeren Tube. «Sie heißt Malina, und wir sind frisch verliebt. Wir haben gerade erst geheiratet.» Er sah nicht auf. «Sie ist keine deutsche Frau, sondern eine Rumänin. Sie hat Haare bis hier.» Ich drehte mich um und zeigte die Stelle am Rücken, an der Malinas Haare endeten. «Braun und glänzend. Und sie riechen immer frisch gewaschen. Einmal habe ich ihr sogar selbst die Haare mit Schauma Shampoo Glatt & Glossy eingeseift.»

Schlagartig richtete er seinen Kopf auf, während sein Körper noch immer gebeugt war. «Friseur sind Sie also auch noch. Respekt.» Wie eine traurige Schildkröte sah er mich direkt an. «Und du, Multitalent, hast also eine Frau abbekommen, ja? Sogar eine mit Haaren. Behindertenwerkstatt oder Selbsthilfegruppe?»

Ich verstand ihn nicht. «Ich bin doch kein Friseur. Nur weil ich einmal meiner Frau den Kopf shampoonierte. Das ist ja nun Quatsch mit Soße, bei allem Beileid.» Mein Gegenüber versank in Starre wie eine motorbetriebene Jahrmarktpuppe, die sich kurz albern bewegte oder ein Liedchen sang, wenn man Geld eingeworfen hatte, und die danach wieder verharrte.

«Malina arbeitet im ‹Club Jasmin›.» Der Mann hob ohne Anstrengung eine Augenbraue. «Im Moment hat Ursula ihr Dauerschichten zugeteilt. So schafft sie manchmal dreißig Männer am Tag.» Der Trauernde klatschte jetzt einmal laut in die Hände. Ich erschrak. Dabei verzog er weiterhin keine Miene.

«Donnerschlag!», rief er. «Deine ach so fantastische Frau» – er hob beide Hände und klammerte sein letztes Wort mit Scharade-Gänsefüßchen ein –, «die die Haare so schön hat, ist eine waschechte Nutte, ja?! Hervorragend. Das ist gut. Hut ab ... gefällt mir.» Er zeigte auf mich und nickte mir zu, als hätte ich gerade einen bombastischen Riesengag gemacht. Anschließend ließ er seinen Kopf wieder hängen.

«Ja, das ist wirklich ziemlich gut», pflichtete ich ihm bei, «weil im Moment verdiene ich ja nicht so viel, und bis ich an mein Erbe komme, dauert es auch noch ein bisschen – und da ist jeder Euro einen Pfennig wert in unserer Ehe. Außerdem ist der Sex genauso wie auf YouPorn.»

Der Mann nahm seine Brille ab und rieb sich die roten Augenränder.

«Sag, wie heißt du nochmal?»

«Uwe. Uwe Wöllner mein Name.»

«Uwe Wöllner. Du willst mir also erzählen, dass du Holzfällerhemd-Nerd mit einer bildhübschen Rumänin verheiratet bist, die eine Granate im Bett ist und dich mit dem Geld, das sie im Puff verdient, durchfütterst?» Jetzt geschah etwas Unglaubliches. Eine Regung, die ich in seinem traurigen Gesicht nicht für möglich gehalten hatte. Er lachte. Ich wusste zwar, dass Malina und meine Liebe zu ihr ein gutes Beistandsthema war, aber dass sie so einschlug, hatte ich nicht erwartet.

«Also, durchfüttern, das muss der Mann machen», sagte ich, «das ist ja klar. Ich lad sie schon immer ein. Coolste Steakhouse-Action und so. Andersrum wär's ja voll arschig.»

«Voll», wiederholte er, stützte sich auf und zog sich zurück auf den Stuhl. Der Lachflash hatte ihn ganz schön gebeutelt, aber auch ruhig gemacht.

«Aber dass dich die Bordsteinschwalbe einfach nur ausnutzt, der Gedanke ist dir noch nicht gekommen, Loverboy?»

«Bordsteinschwalbe.» Ich hatte keine Ahnung, wovon er sprach. Ich zuckte zusammen, als vor dem Schaufenster ein Mann vorbeilief, der aussah wie Herrn Weiß. Herrn Weiß! Kein Wort zu einem Kunden! Oder Job futsch! Ich schwitzte. Ich musste hier weg. Die Sache irgendwie beenden. Ich hatte genug Beistand geleistet. Ich sah auf die Papiere, die auf dem Tisch von Herr Weiß lagen. In einem echten Kundengespräch müsste ich jetzt eigentlich zu den Formalitäten übergehen. Und zwar ratz-fatz. Aber ich wusste nicht genau, was die Formalitäten waren. Es gab zwei Plastikschubfächer mit Briefbögen, auf denen Listen und Kästchen gedruckt waren. Vor meinem ersten Hausbesuch beim Lazarusmädchen hatte Herrn Weiß mir diese Formulare im Auto in die Hand gedrückt. Immer wieder lugte ich aus dem Fenster. Ich zog hastig zwei unausgefüllte Blätter hervor und legte sie dem Witwer vor.

«Was ist das?», wollte er wissen.

«Wenn Sie das ausfüllen, sind wir fertig.»

«Womit?»

«Mit allem.»

Er sah mich an, schien irgendwo hinter seinen Trauerfalten und Monstertränensäcken tatsächlich sanft zu lächeln oder so was in der Art, nickte mir zu und hielt inne. Danach nahm er einen Kugelschreiber vom Tisch und fing an, Häkchen und Kreuze hinter den einzelnen Positionen zu verteilen. Er war schnell. Mit bestimmter Geste schob er die Blätter in meine Richtung zurück und setzte sich seine Brille wieder auf.

«Uwe!», sagte er und stand auf. Er gab mir kräftig die Hand. «Lass dich nicht unterkriegen.» Er ging. Die Tür fiel ins Schloss, und ich blickte auf die Papiere. Häkchen, Kreuze, zwei Unterschriften. Ich war ein Geschäftsmann. Mein Schreibtisch, mein Kuli, mein Institut. Herr Weiß sein Institut. Was hatte ich getan? Björns Stimme in meinem Kopf: «Aber rede kein Wort mit ihm!» Ich fühlte mich mies. Herrn Weiß würde mir das nie verzeihen, ich hatte meinen Arbeitsplatz so gut wie verloren. Warum hatte ich nicht einfach die Klappe gehalten? Kurz überlegte ich, die Formulare aufzuessen.

Ich schwitzte nun auch am Rücken. Aus den Augenwinkeln sah ich den Leichenwagen im Fensterrahmen erscheinen. Herrn Weiß setzte einen Fuß auf die Straße. Köhler stieg auch aus. Ich hastete über den Flur in die Sargschreinerei.

Ich griff einen Besen und schob hölzerne Locken zusammen und wartete auf das nahende Gewitter. Warten, bis Papa von der Arbeit nach Hause kommt, um ihm von der Sechs in Mathe zu erzählen. Dasselbe Gefühl. Dann ging es auch schon los. Herr Weiß laute Stimme schallte in die Schreinerei.

«Björn? Björn!!! Wo steckst du?»

Björn sah mich misstrauisch an. «Was hast du schon wieder für Scheiße gebaut, Uwe?» Ich traute mich nicht hochzugucken.

«Hier sind wir, Herr Weiß», rief Björn zurück.

«Aha.» Herrn Weiß betrat die Werkstatt. «Hast du das hier zu verantworten?» Er wedelte mit den Papieren, die der Kunde soeben ausgefüllt hatte.

«Nein!», antwortete Björn wie aus der Pistole geschossen.

«Na, Björn, wer sonst sollte...»

Björn wies in meine Richtung.

«Uwe?» Herrn Weiß drehte sich zu mir.

Ich schüttelte mein Haupt, bis meine Brille von meinen Ohren hing.

«Ja, das kann ich mir auch nicht vorstellen. Also, Björn, das hast du großartig hingekriegt. Alle Achtung! So eine Bestellung hatten wir zuletzt vor drei Jahren: Orgelmusik. XXL-Rokoko-Kerzen. Lichtkonzept ‹Herbstwald›, Fingerfood und und und. Das gesamte Paket. Was hast du denn nur mit dem Kunden gemacht, Björn?!»

Björn schwieg. Er nestelte an getrocknetem Lack auf seinen Händen herum. Herrn Weiß musterte ihn. Anschließend sah er mich an. Dann wieder zu Björn. So ging das eine Weile. Schließlich blickte Herrn Weiß auf die Kundenformulare, räusperte sich, wippte zweimal auf den Zehen und richtete seinen Zeigefinger auf mich.

«Morgen gibt's Fahrstunden im Leichenwagen, Uwe. Sei pünktlich!»

Es hätte wirklich nicht viel gefehlt, und ich hätte Herr Weiß umarmt. Aber das hätte sicher blöd auf Björn gewirkt.


Malina hatte zugesagt, dass sie nach ihrem Abend-Yoga noch bei mir vorbeikäme. Ich wollte ihr von meinem Beistandserfolg berichten. Es war 23:47 Uhr, und sie war noch nicht da. Ich rief sie auf ihrem Handy an. Im Hintergrund waren dumpfer Hip-Hop-Beat und abgedrehtes Party-Krakele zu hören.

«Hier ist Uwe!»

«Wer?»

«UWE! Malina, hörst du mich?»

«Hallo?»

«Ja?»

«Uwe, bist du das?»

«Ja-ha! Wir waren verabredet! Wann kommst du?»

«Oh, Uwe, ich weiß nicht, ob sich das noch lohnt. Wir sind hier noch ein bisschen.»

«Ach so, schade, weil ich hatte mich nämlich gefreut.»

«Verbindung ist ganz schlecht, Schatz. Bis bald!»

«Okidoki!»

## 21

### Securitate

Aus bald wurde demnächst. Aus demnächst wurde morgen. Aus morgen wurde dann. Und dann lag ich wie verabredet auf der Liegewiese vor dem Nichtschwimmerbecken im Kreuzberger Prinzenbad und wartete auf sie. Mit Harzer Roller und Baguettestangen im Bastkorb. Und einem Schreiben von Papa, über das ich mit ihr reden musste. Sie hatte seit gestern endlich ihre Regelblutung mit den Bauchkrämpfen überwunden, und ich freute mich wie ein rolliger Seeigel auf Schwimmen mit Malina.

«Sie hat gearbeitet», laberte Ursula und strich sich mit Labello über die Lippen.

«Das ist mir scheißegal, du glaubst gar nicht, wie so was von scheißegal mir das ist.» Ich stampfte über den Perser auf dem Korridor vom «Club Jasmin».

«Pscht, hier sind überall Kunden auf den Zimmern. Beruhige dich, Uwe. Iss erst mal was.»

«Ich will sofort mit meiner Frau sprechen. Wo ist sie?»

«Das geht jetzt nicht, Uwe.»

«Und ob das geht, guck, ich mache einfach die Tür auf.»

Die Tür war verschlossen. Meine Haare waren noch nass. Noch vom öffentlichen Fernsprecher im Schwimmbad aus hatte ich Malina angerufen und sie gebeten, Traubenzucker mitzubringen, damit ich etwas Energie aufbauen konnte. Sie sagte, sie hätte zu tun. Ich antwortete, dass das jetzt nicht mehr ganz okay wäre, aber es wäre wenigstens mittel-okay, wenn sie sich dafür das nächste Wochenende freinehmen würde. Sie wollte sich aber nicht festlegen, und das fand ich arschlochmäßig von ihr! Ich hatte aufgelegt.

Ich riss eine andere Tür auf. Livio, mir zugewandt, saß auf dem Gesicht eines durchtrainierten Mannes und rieb ihren Hintern über seiner Nase.

«Sorry.» Ich knallte die Tür wieder zu.

«Uwe, lass uns doch eben warten», sagte Ursula und versuchte, mich festzuhalten.

«Warten. Warten. Warten. Du weißt ja gar nicht, wie sich das anfühlt. Du bist ja kein Ehemann, der...»

Die nächste Tür. Ursula konnte mich nicht abhalten. Im Nachhinein würde ich alles dafür geben, es nicht gesehen zu haben, aber ich sah es. Und das Bild hinter dieser Tür ging ungefähr so: zwei Finger – Zeigefinger und Mittelfinger – meiner Frau im fernseherbreiten Arsch eines knurrenden Fettsacks.

Malina schrie auf. Ich schrie auf. Ursula auch. «Gloob ick ja nüscht.» Der Mann rannte schwitzend wie ein altes Hängebauchschwein an mir vorbei und zog sich dabei die Hose hoch. Ursula ihm hinterher. Malinas Blick fremd und kalt.

«Was hast du getan?», fragte sie.

«Ich habe auf dich gewartet, den ganzen Nachmittag, vor dem Kinderbecken, hinter dem Kinderbecken, im Kinderbecken. Malina, ich sage dir eins...»

«Nein, du sagst mir jetzt gar nichts.»

«Doch, ich sage dir jetzt eins, hör mir zu!»

«Ich weiß genau, was du sagst.»

«Ach ja, toll, Hellseherin, was denn?»

«Ist immer dasselbe Blabla: Wir waren verabredet, wir wollten doch wegfahren, komm heute Abend her, ich hab 'n Geschenk, blub blub.»

«Was heißt jetzt ‹blub blub›?» Ich war außer mir und nachdenklich zugleich.

«Du engst mich ein, Uwe! Du nimmst mir die Luft zum Atmen. Dauernd rufst du an, ständig willst du wissen, wo ich bin, was ich mache, streunst durch mein Zimmer, wenn ich nicht zu Hause bin. Ich fühle mich kontrolliert wie von der Securitate.»

«Ja, ja, guck dich doch selbst mal an!»

«Was denn? Ich kontrolliere dich nicht!»

«Nee, weil du auch keinen Grund dazu hast! Weil ich ja schon immer bei dir anrufe. Wenn *ich* mich mal zwei Tage nicht bei dir melden würde, *dann* würdest du doch total eifersüchtig werden und rumnerven: ‹Uwe, Uwe, ich fühl mich so einsam, wo bist du?› und so typischer Frauenkram! Aber in so eine Situation bringe ich dich erst gar nicht! Da kannst du auch mal Danke sagen statt meckern.»

«Du gehst mir auf den Geist.»

Ich hörte, wie Ursula im Flur auf den Kunden einredete: «Ein Malheur, kriegst 'nen Gutschein.»

Malina zündete sich eine Zigarette an. Ich atmete durch,

machte einen Schritt auf sie zu und sagte: «Es ist wichtig, dass wir in so einer Phase unserer Beziehung cool miteinander reden.»

Sie rollte komisch mit den Augen.

«Komm» – ich setzte mich aufs Bett und klopfte auf die freie Fläche neben mir –, «setz dich doch. Ich finde, wir sagen uns jetzt einfach mal, was wir aneinander gut finden und was wir aneinander eher nicht so supergut finden.»

Das Hängebauchschwein trat keuchend herein, nahm seine Sachen vom Stuhl und verschwand wieder. Malina setzte sich nicht.

«Okay», fuhr ich nach einer Weile fort, «du fängst an. Was findest du alles an mir gut?»

Sie schwieg.

«Das ist doch fies, Malina, jetzt nix zu sagen. So was macht den anderen nur noch saurer. Also, plaudere doch erst mal, was du an mir alles super findest.»

Wieder sagte sie nichts, aschte ab und zu in einen Aschenbecher auf der Fensterbank.

«Na gut.» Ich wurde etwas ungeduldig. «Dann fang ich eben an. Folgendes finde ich an dir gut: Du hast die besten Augen. Du könntest als Augenersatzdouble für Nahaufnahmen von Hollywood-Eulen mit verschrumpelten Krähenfüßen arbeiten. Dein Arsch ist supergoil geformt. Deine Brüste sind nicht zu groß, nicht zu klein und richtig krass prall. Gut, die eine ist ein klein bisschen größer als die andere, aber nur minimal. Stört mich jetzt nicht so, immer noch besser als Silikon.»

Malina drückte den Zigarettenstummel aus.

«Du küsst außerdem ziemlich originell, Malina, sodass bei mir alles kribbelt, und du hast coole Haare. Und noch viel mehr

Sachen finde ich absolut goilst an dir. So, und jetzt erst mal, was ich nicht so gut an dir finde. Also, zum Beispiel, dass du manchmal Sachen nicht so gut verstehst auf Anhieb. Wenn ich zum Beispiel ein Fremdwort fasel, dann tust du zwar so, als würdest du es verstehen, aber ich merke schon, dass du es nicht raffst ...»

«Was?» Jetzt sah sie mich an. «Du denkst, ich bin dumm, oder was?»

«Na ja, dumm ist jetzt natürlich ein ätzender Ausdruck wieder. Und Intelligenz sagt ja auch nichts über den Wert eines Menschen aus, aber deine Gehirnschnelligkeit ist manchmal ...»

Sie trat auf mich zu und haute mir eine runter. Mit derselben Hand, deren Finger eben noch im Anus des alten Mannes steckten. Es klatschte heftig. Meine Brille flog aufs Bett. Ursula erschien an der Tür.

«Ich bin nicht dumm!», rief Malina streng. Ihr Brustkorb hob und senkte sich zügig. Ich rieb mir die Wange und setzte meine Brille wieder auf. Wir sahen uns an.

Ursula schloss die Tür zu unserem Zimmer. Anschließend setzte sich Malina neben mich aufs Bett. «Entschuldigung, Uwe.» Sie nahm mich plötzlich fest in den Arm.

«Schon okay. Ist doch gut, wenn sich so was mal entlädt.»

Wir saßen eine Zeit lang Arm in Arm auf der Bettkante. «Okidoki», sagte ich irgendwann, «dann haben wir unsere Zoff-Action ja ganz gut überstanden.»

Wieder sagte Malina nichts. Aber diesmal meinte sie es nett, das fühlte ich. Ich zog das Schreiben von Papa aus meiner Jackentasche. «Das hier ist 'ne Einladung.» Ich holte eine golden glänzende Karte mit unserem Familienwappen aus dem Umschlag. «Kam vorletzte Woche mit der Post. Von Papa. Hab ich heute erst aufgemacht. Er feiert am Wochenende seinen fünfundsechzigsten Geburtstag in Garbsen. Da würde ich gern mit dir hin, um dich allen vorzustellen.»

Malina stand auf. Sie zündete sich eine weitere Zigarette an. «Lungenkrebs ist auch bei Frauen...»

«Uwe!», unterbrach sie mich. Sie stand mit dem Rücken zu mir und blies Rauch aus. Danach drehte sie sich um: «Ich weiß nicht, ob das eine gute Idee ist, jetzt zu deiner Familie zu fahren. Ich meine, wir sind ja erst ganz frisch verheiratet, und...»

Ich stand auf. Meine Knie waren weich wie Kinderknete. Ich spürte, wie sich mein Hals zuzog. Ich hatte mein Asthmaspray wieder nicht dabei. Aber scheißegal. Starb ich jetzt eben. Ich sah in ihre Augen. Ich konnte nichts dagegen machen, eine bescheuerte Träne lief aus einem meiner Augenwinkel. Erst jetzt spürte ich eine tiefe Traurigkeit. Mein Körper war schneller als ich.

«Malina», sagte ich und hoffte inständig, nicht so tränenverglucks zu klingen wie diese Schwachsinnigen bei *DSDS*, wenn keiner für sie anrief, «wenn du nicht mit mir zu Papas Geburtstagsfeier fährst, dann ... Dann gehe ich zum Standesamt und mache Schluss.»

Am Abend schrieb ich einen kurzen Brief und adressierte ihn an meine alte Anschrift.

*Lieber Papa,*
*zu deiner Geburtstagsfeier in der ‹Garbsener Mühle› komme*
*ich gern. Ich werde meine Frau Malina, deine Schwiegertochter,*
*mitbringen.*
*Hochachtungsvoll,*
*Uwe*

## 22
### Rote Lichter

Die meisten Gäste waren schon da. Malina verschwand nochmal kurz, um den Lidstrich nachzuziehen. Papa ging voraus, winkte mich hinter sich her, setzte langsam und gleichmäßig einen Fuß vor den anderen. Es ging die Steintreppe herunter bis zu der Bank, wo der See am Grundstück zur «Garbsener Mühle» mündete, die Stelle, an der Gerd immer ins Wasser gesprungen war und von der aus ich ihm dann beim Schwimmen zugesehen hatte. Wir setzten uns, Papa nestelte an seiner Tasche, fischte eine Zigarette hervor und steckte sie sich zwischen die Lippen. Die Zigarette zitterte schwach in seinem Mund. Er suchte seine Taschen ab.

«Hier!» Ich hielt ihm mein Feuerzeug hin.

Er zog an der Zigarette und atmete sofort wieder aus.

«Wer ist sie?», fragte er hastig.

«Seit wann rauchst du, Papa?»

«Ja, Uwe, deine Mutter hätte es nicht gern gesehen. Aber irgendwo muss der Dampf ja nun hin. Wer ist sie?»

«Sie?»

Er stieß heftig aus. «Sie.»

«Sie ist meine Frau.»

«Lass die Kasperei jetzt. Wer ist sie?»

«Sie ist meine Ehefrau. Wir lieben uns.»

Er sah ins Leere, presste seine Lippen aufeinander und ließ den Rauch durch seine Nase qualmen.

«Schluss damit, Uwe.»

Ich hob die Hand, der goldene Ring glänzte im matten Rot der untergehenden Sonne.

«Wir haben geheiratet.»

Er sah erst den Ring, dann mich prüfend an, suchte nach einer Spur von Witz in meinen Mundwinkeln, nach den Zeichen einer Lüge in meinen Augen.

«Ach, tatsächlich.»

Wir schwiegen. Ich spürte, wie Papa über irgendwas grübelte. Schließlich öffnete er seine Schachtel und bot mir eine Zigarette an. Wir rauchten, ich hustete nur ein bisschen, und der Qualm stieg über dem See auf. Er schaute auf den See, ich blickte ihn an. Vor uns blitzte die Wasseroberfläche.

Malina erschien auf der Terrasse der «Garbsener Mühle» und suchte mich. Papa nickte mir zu, und ich stand von der Bank auf und rannte zu meiner Frau. Ich küsste sie. Und hoffte, dass Papa uns jetzt so sah.

Rémy Burlington verbeugte sich vor uns. Der Rémy Burlington, der auf Papas vierzigstem, fünfundvierzigstem, fünfzigstem, fünfundfünfzigstem und sechzigstem Geburtstag «die unbestechliche Mixtur aus klassischen Perlen, Jazz und Humor» dargeboten hatte. Genau der Rémy Burlington, der immer noch einen weißen Anzug trug. Er kam aus Goslar und konnte supergut einen echten französischen Akzent nachmachen, wenn er auf der Bühne stand. Und dann, wenn er ein Glas Sekt mit allen trank, konnte er wieder ganz normal in reinem Deutsch sprechen. Jetzt, als Erwachsener, fand ich das abgefahren. Als Kind fand ich den kacke. Ich klebte ihm unterm Tisch Fix-und-Foxi-Aufkleber auf seine beigefarbenen Veloursshalbschuhe, und er verpetzte mich bei Papa. Meistens erst nach seinem Auftritt, nachdem er es bemerkte.

Später passierten Malina und ich die Reihen im Partyraum, dem sogenannten Ballsaal der «Garbsener Mühle», wo die Geburtstagsgäste Platz genommen hatten. Ortsvorsteher Kramer, am Tischende, die Delegation der Pfingstschützen. Das Aufgebot des Karnevalsvereins. Die Nachbarn. Die Freunde. Gerd. Seine Frau. Der Kindertisch. Sie alle sahen uns an, und ich winkte ihnen zu wie ein Fürstenprinz aus der *Freizeit Revue*. Ich hielt Malina an der Hand wie ein Adliger aus Monaco.

Zwischendurch umarmte ich einzelne Garbsener und sagte: «So gut wie noch nie», bevor sie fragen konnten, wie es mir ging. Nur einer sah weg, guckte in den Himmel, wo sich Wolken ineinanderschoben, und drückte seine Hände zitternd auf die Beine. Mal wieder hatte jemand den Platz neben Onkel Gotthilf für dessen Frau freigehalten, die es gar nicht gab. Ich nahm ihn in den Arm.

«Schau, Onkel Gotthilf, das ist meine Frau ...» Ich freezte sein Gesicht ein, wollte sehen, wie die Überraschung in den kleinsten Hautwinkeln entstand und sich schnell zu Anerkennung faltete. Aber irgendwie geschah da nix. Gotthilfs Hundebacken rührten sich nicht. Ich lehnte mich näher zu ihm und flüsterte ihm ins Ohr: «Onkel Gotthilf, in echt jetzt, ich schlaf mit der. Ich weiß, wie jeder Fitzel ihres Körpers aussieht. Sie sieht nackt aus wie ein ganz edler französischer Pornostar.»

Onkel Gotthilf zog eine Schnute und zuckte mit den Schultern.

«Onkel Gotthilf, jetzt gaff die doch mal richtig an. Malina kommt aus Rumänien. Da kommen die sexiesten Frauen her. Und die liebsten. Ich hab eine Frau, Onkel Gotthilf. Eine, die bleibt. Ich hab's geschafft, verstehst du?»

«Geschafft … Wann hat man es schon geschafft? Und vor allem – was hat man geschafft? Blödsinn», murmelte er und wagte es nicht, Malina anzusehen.

«Guck sie an», flüsterte ich beharrlich, «guck sie dir an, Onkel Gotthilf. Was ich geschafft hab, schaffst du vielleicht auch noch!»

Und dann sah Onkel Gotthilf sie an, seine Hände schlackerten. «Ich kenn dich», sagte er leise. Malina schaute ungläubig. «Ich hab dich schon mal gesehen.» Onkel Gotthilf wurde lauter. «Ja, ganz sicher.» Er rollte mit den Augen und sah an uns vorbei.

Die Vorspeise kam, wir schälten den angebratenen Schinken vom Spargel und warfen den Spargel weg. Die Feier konnte beginnen. Vor dem ersten Gang, Försterpfanne mit Steak und Sahnepilzen, stand Papa auf und sah in die riesengroße Gästerunde. Ich legte Malina meine Hand aufs Knie. Jetzt gleich würde er es allen bekannt geben, und dann würde er eine Flasche Champagner auf uns bestellen, wie er es bei Gerds Verlobung getan hatte.

«Es ist ein Tag, wie ich ihn mir gewünscht habe.» Er wirkte etwas angespannt, ja, dachte ich, das ist der Tag unserer Versöhnung. «Der nicht unbeträchtliche Aufwand hat sich ausgezahlt, wir werden mit der besten Witterung belohnt, liebe Gäste. Und wenn ich das so sagen darf: Es ist nach fünfundsechzig Jahren ein Zeugnis von erfülltem Leben, euch alle hier empfangen zu dürfen.» Ja, und vor allen Dingen zwei, die so weit angereist sind.

«Meine liebe Familie und Freunde, Herr Ortsvorsteher Kramer, Herr Schindeleisen von der IHK, liebe Garbsener Gemeinderatsmitglieder, liebe Fastnachtsdelegation, verehrter Herr CDU-Kreisvorsitzender und stellvertretender Landesvorsitzender» – er holte Luft –, «damit das hier auch ein rauschendes Fest wird, ist Rémy Burlington bei uns, der nicht nur die klassischen Instrumente beherrscht, sondern nebenbei auch ein fantastischer Confroncier ist. Wir alle kennen ihn. Heben wir das Glas auf Garbsen, ich freue mich auf diesen Abend und auf euch alle». Beifall. «Und, lasst mich dies noch eben in Worte fassen, ich bin selbst noch etwas durcheinander, ich habe es gerade erst erfahren ...» Ich sah Malina an und zwinkerte ihr zu, sie lächelte nervös. «... und hätte das nicht unbedingt erwartet. Doch es ist nach den bitteren Stunden durch unseren schweren Schicksalsschlag in diesem Jahr eine Nachricht, die mir, die uns allen Zuversicht gibt.» Papa machte es groß, er schmückte es aus. «Nämlich dass mein Sohn, der aus unserer Mitte stammt, ein echter Garbsener, den wir alle noch vor uns sehen, wie er im Sandkasten buddelt und hinter Karnickeln herrennt» – ich lächelte ihm entgegen –, «den manch einer vielleicht ein wenig unterschätzt haben mag» – Tränen schossen mir in die Augen, ich stand auf –, «dass mein Sohn, und darüber bin ich glücklich, dass mein Sohn also mit seiner Firma Tectron Technologies in Kürze in einen neuen Standort investieren wird. Und nun dürfen Sie dreimal würfeln, welcher Standort das ist.» Riesenapplaus, Hurra-Rufe brandeten auf.

Ich stand Papa gegenüber und fing ebenfalls an zu klatschen. Ich schlug meine Handflächen aufeinander, immer und immer wieder, immer stärker, bis ich meine Flossen nicht mehr spürte, sie nur noch ein tauber und brennender Hautklumpen zwischen meinen Armen waren. «Herzlich willkommen in Garbsen, Gerd und seine Firma Tectron!»

Rote, strahlende Gesichter, weiße Zahnreihen, helle Hemden, sie applaudierten ausgelassen, schwenkten Sektgläser und stießen an. «Auf die nächsten fünfundsechzig Jahre Wöllner!», rief der Mann von der IHK. Alle lachten, Worte gingen unter im Klirren der Gläser und der Löffel auf den Tellern, und Rémy Burlington drückte auf die Flügeltasten und spielte das «Niedersachsenlied» – bis alle ihr Essen hatten.

Onkel Gotthilf schlang es hinunter und schwieg, er schien sich wie immer für nichts zu interessieren, nicht für uns und nicht für die anderen Gäste. «Tectron klingt wie 'ne Briefkastenfirma», sagte er und warf das Gemüse von seinem Teller.

Ich konnte nicht anders, als immer wieder von Malina anzufangen. Er winkte ab. Erst als die Eisbecher kamen und Rémy Burlington mit geschwungenen Schritten wieder die Bühne erkletterte – «und nun spiele ich, was immer Sie hören wollen» –, hellten sich seine Züge auf.

«Uwe, wünsch dir was Versautes», rief Onkel Gotthilf. «Oder was Sozialistisches.»

«Was denn?»

«Was Passendes für deinen Vater. ‹Völker, hört die Signale, auf zum letzten Gefecht›.»

«Nee.»

«Los. Mach kaputt, was dich kaputtmacht.»

«Nein, Onkel Gotthilf», sagte ich und erhob mich. «Ich hab eine andere Songidee.»

«Verräter», murmelte Gotthilf.

Ich trat an die Bühne. Rémy Burlington riss die Arme auf: «Ah, da haben wir unseren ersten Gesangswunsch. Ganz prima. Keck, der Junior!»

«Ich wünsche mir ‹Ich tanze mit dir in den Himmel hinein› von André Rieu, Mamas Lieblingslied.» Das spielte Rémy Burlington früher immer zum Schluss. Aber ich wollte nicht darauf warten.

«Wie die Zeit doch vergeht, Junior. *Le temps passe!* Vor zwanzig Jahren hast du dir noch ‹Stups, der kleine Osterhase› gewünscht. Aber *comme ci, comme ça*: Jeder Wunsch wird directement erfüllt.»

Er schlug den ersten Akkord auf dem Flügel an. Es ergriff mich. Die helle Tonfolge, die Sonne ging auf.

Er unterbrach die Melodie und sprach ins Mikrofon, sodass alle ihn hören konnten: «Junior, das ist aber ein Paartanzstück, das weißt du, non?» Er hielt mir das Mikro unter die Nase.

«Ja, klar, deswegen ja.»

«Deswegen ja ... Wir haben einen Charmeur unter uns», rief Burlington, und alle lachten. «Aber sehr gern, Junior. Wen bittest du zum Tanz?»

«Meine Frau», sagte ich.

«Meine Frau», wiederholte Rémy verblüfft, «das habe ich ja gar nicht gewusst. Der Hafen der Ehe. Na dann, verehrte Frau, wenn ich Sie nach vorne bitten darf, hier zu mir, no, no, keine Scheu!»

Malina erhob sich zögernd.

«Wie lange seid ihr verheiratet?»

«Achtzehn Tage, vier Stunden und vierunddreißig Minuten.»

«Oh, so ein frisches Glück. Und ja, das muss man wirklich sagen: Glückwunsch, Junior.» Er musterte Malina.

«Darf man so indiskret sein und nachfragen, wo ihr euch kennengelernt habt, junges Paar?»

Er hielt Malina das Mikrofon hin. Sie schaute cool verlegen. «In Berlin», sagte sie.

«In Berlin», rief Burlington. «Wo die Liebe hinfällt! *Ou l'amour tombe!*» – und spielte rasant «Das ist die Berliner Luft» an.

«Im ‹Club Jasmin›!», rief ich. Malina griff feste nach meiner Hand, und Burlington nickte eifrig. «Oh, im ‹Club Jasmin›! Also, liebe Junggesellen, nichts wie los in den ‹Club Jasmin›! Wie ich sehe, ist der ‹Club Jasmin› voll von bezaubernden Frauen.»

Die Feiergemeinde lachte, der Ortsvorsteher schlug Papa auf die Schultern.

«Ja, klar, es gibt jede Menge bezaubernde Frauen da!» Ich strahlte von der Bühne herab ins Publikum, und die Geburtstagsgäste lächelten zu uns hoch.

«Am besten, man wendet sich erst an Ursula, das ist die Köchin vom ‹Club Jasmin›. Ursula macht das leckerste Frühstück von ganz Berlin. Mit Gewürzen! Die führt einen dann in einen lilanen Raum mit einem Himmelbett oder so was in der Art – und da wartest du, bis alle Geräte aus ihren Zimmern schleichen und sich vorstellen. Da kann man sich die aussuchen, die man am goilsten findet. Alle kosten gleich viel. Aber alle sehen anders aus. Man kann die verschiedenen Zieten auch anfassen, wenn man sich nicht ganz sicher ist. Damit man nicht erschrickt, wenn die am Ende viel wabbeliger sind, als wie das im Büstenhalter aussah. Ansonsten macht jede Eule unterschiedliche Sachen, wenn sie nackt ist. Also GV, GV plus Oral, GV oral total, Französisch total, Handentspannung. Manche machen sogar anal, aber meine Eichel ist zu empfindlich ...»

Schweigen. Burlington zuckte über das ganze Gesicht, dann lachte er und nahm mich in den Arm.

«So kennt man die Wöllners, so kennt man die Wöllners!», rief er heiser aus, und vereinzelt wurde gelacht. «Immer gut für ein nicht zu verwehrendes Scherzchen in Ehren, oder wie ich so schön zu sagen pflege: *C'est la vie, la vie est belle*. Und jetzt: Musik!» Er spielte die nächsten Töne, etwas zu hektisch und zu schnell, wie ich in dem Moment fand. Malina zog wieder an meiner Hand.

«Ja», rief ich ins Mikrofon, «und ich wollte nur noch sagen, dass ich mich freue, dass wir heute hier sein können, danke, Papa, und dass ich meine Frau euch so richtig mal vorstellen kann.» Burlington unterbrach sein Spiel und lächelte uns zu. «Wir stehen gern auch für Einzelgespräche zur Verfügung, nachher noch», fuhr ich fort. «Dann geht's aber auch schon in die Flitterwochen mit uns! Bisher war das eher schwierig, weil wir beide krass viel zu tun hatten beruflich, ich im Beerdigungsinstitut Weiß in Berlin-Friedrichshain und meine Frau durch die zahlreichen GV-Termine. Im Moment ist sie total gefragt. Die Männer sehen halt auch, dass sie gerade glücklich ist. Na ja, aber jetzt erst mal: Ab in den Harz, Urlaub, Urlaub, Urlaub. So, schönen Abend euch allen. Euer Uwe!»

Burlington nahm schnell das Mikrofon an sich und nickte mir eifrig zu. «Nun wollen wir mal zum Tanz bitten! Immer zwei Pärchen, die Herren wählen die Damen! Das Geburtstagskind fängt an! Richard bittet zum Tanz.»

Schweigende Gesichter waren auf Papa gerichtet. Der kauerte in seinem Stuhl, etwas schien ihn nach unten zu ziehen. Er sah mich nicht an, atmete tief und blieb sitzen.

«*C'est la vie, la vie est belle*, und jetzt: Musik», rief Burlington nach einem Moment wieder, als Papa nicht aufstand. Es wurde ein Walzer gespielt, und Tante Marion bat Papa schließlich zum Tanz. Schwerfällig stand er auf, sie legte ihre Arme über seine Schultern, der Tanz begann. Ich nahm Malina in den Arm und presste sie an mich – und sie klammerte sich an mich, so fest, wie sie mich noch nie umfasst hatte, bis wir eins wurden. Sie flüsterte mir ins Ohr: «Uwe, ich weiß nicht, ob das jetzt richtig war, ich meine ...» – «Und ob! Ich bin sauglückselig!», sagte ich in ihr Ohr.

Wir tanzten direkt vor der Bühne. Alle anderen hielten diskret Abstand von uns, dem innigen Paar, dem sie neugierig und sicher auch verzückt zuschauten. Gerd tanzte mit seiner Frau, neben Papa und Tante Marion, und ich sah, wie er auf Papa einredete und beim Wiegeschritt gestikulierte.

Beim Schwofen legte ich meinen Kopf auf Malinas Schultern. An ihren Haaren vorbei, mit der Nase in ihren duftenden Locken, traf er mich: Papas Blick. Burlington sang gerade: «Komm lass uns träumen, bei leiser Musik ...» Papas Augen waren wie die von Flipper, wenn er Sandy und Bud am Holzsteg erspähte. Er winkte mit der Finne, patschte aufs Wasser und wollte, dass ich zu ihm ins Meer springen würde, um mit ihm zu tollen. Er wollte unter meinen Bauch schwimmen und mich mit seiner Delfinpower einen Glückssalto machen lassen, so wie er mich als Kind in die Luft geschmissen hatte. Aber seine Beine schienen in einem Thunfischnetz verheddert.

Wenn man wie die Kinder am Rande der Tanzfläche saß und zuschaute, hätte man Trauben gesehen von festtagslichtbeschienenen Menschen, die sich langsam umeinander und miteinander und voneinander wegdrehten. Und wenn man Onkel Gotthilf gewesen wäre, hätte man dabei zum ersten Mal seit langer Zeit gelächelt. Ich lag in Malinas Armen, und wir drehten uns langsam zur Musik. Mal sah ich die Gesichter der anderen, der Tanzpaare, die sich vorsichtig zum Song bewegten, dann wieder ging mein Blick über den See, auf die Wasserfläche und bis ans andere Ufer, den Schlindweg hoch, bei Danningers vorbei, bis nach Hause.

Als das Lied aus war, ging Malina Zigaretten holen. Ich sah ihr nach, als mich Ortsvorsteher Kramer an die Schulter tippte und sprach:

«Da hast du wirklich ein besonderes Glück gehabt, Uwe. Aber sei vorsichtig.»

«Warum?»

«Sie ist sehr schön», seufzte er und betrachtete verstohlen Malinas Rückenansicht, die sich an den Gästen vorbei zum Ausgang des Ballsaals schob. Ich hätte schwören können, dass er auf ihren Arsch gaffte, der sich atemberaubend obergoilst in ihrem Kleid abzeichnete.

«Sie ist keine Deutsche, oder?»

«Rumänin.»

«Slawisches Blut, nicht wahr?»

«Warum Blut?», wunderte ich mich.

«Ich bin bei Gott kein Rassist, das weißt du, Uwe, aber Slawinnen haben ein ganz besonderes Blut.»

«Weiß ich jetzt nicht.»

«Sie bewegen sich auch anders.»

«Weil sie Slawinnen sind?»

«Genau. Und, Uwe, stimmt das wirklich?»

«Was denn?»

«Na» – er beugte sich näher zu meinem Gesicht –, «dass sie eine, wie soll ich mich da ausdrücken, eine Professionelle ist?»

«Ja, sie ist total professionell. Und fleißig.»

«Fleißig? Wer denn?» Herr Schindeleisen von der IHK gesellte sich zu uns. «Meine Frau!» Vornehm nickte ich ihm zu.

«Und...» Herr Kramer war etwas nervös irgendwie. «Sie bietet noch immer ihre... Dienste an?»

«Klar. Irgendwo muss die Kohle ja herkommen.» Ich hob die Schultern. Ortsvorsteher Kramers Augen schauten jetzt verklärt aus.

«Und du bist an ihren Einnahmen beteiligt?», fragte er.

«Quatsch!», lachte ich. Der Mann von der IHK glotzte irgendwie irritiert. «Ich bin doch kein Zuhälterdingstyp. Die gibt's eh nur bei *Spiegel TV*. Ursula hat im Club jetzt eine Flatrate eingeführt.»

«Aha. Flatrate. Wie geht das denn vonstatten?», wollte Herr Schindeleisen wissen.

«Das ist so wie bei *All You Can Eat* im Steakhouse. *All You Can Fuck* sozusagen. Du kannst einfach so viele Eulen nehmen, wie du...», setzte ich an, als wir unterbrochen wurden.

«Ich kann keinen Zigarettenautomaten finden!» Malina fasste mich am Arm und drehte mich zu sich.

«Ah! Wir reden gerade über dich!» Ich stellte Malina Herrn Schindeleisen und Herrn Kramer vor. Sie machte voll auf schüchtern, das stand ihr echt gut. Sie zog immer heimlich an meinem Ärmel während des Gesprächs, und die beiden Herren lächelten sie freundlichst an. «Ich wollte gerade die neue Flatrate im Club erklären. ‹Einmal zahlen, alle haben› – und so. Warte, ich hol dir

Zigaretten, und du kannst ja in der Zeit mal erzählen, wie das geht.»

«Uwe, warte, ich . . .»

«Nee, kein Ding für mich, ich hol dir die gern!» Ich gab ihr einen flinken Kuss auf die Stirn und hechtete zum Zigarettenautomaten. Den hatte ich zuletzt irgendwo an der Eingangsgarderobe gesehen.

Ich schritt durch den Ballsaal und klopfte meine Taschen nach Kleingeld ab. Papa stellte sich mir in diesem Moment in den Weg. Der Delfin hatte Tropfen auf der Stirn. «Hinter die Bühne», sagte er. Gerd folgte uns. «Nein», sagte er, «geh, Gerd, geh.»

Wenn man wie Malina zwischen vielen anderen Geburtstagsgästen auf dem Tanzparkett vor der Bühne stand, sah man unsere Köpfe als Silhouetten durch die durchsichtigen Vorhangsgardinen am Rand des Podiums: zwei wild gestikulierende Gesichter-Schatten. Papa und ich.

«Ich möchte, dass du das klarstellst», fauchte Papa.

«Was klarstellst?»

«Deine Geschichtchen. Wir haben das oft genug durchgekaut. Sie sind weder niveauvoll noch lustig oder passend. Lass die doch bitte einfach mal in deinem Kopf drin, da, wo sie hingehören.»

«Welche Geschichtchen?»

«Uwe, das ist nicht das erste Mal. Ich möchte nicht wieder mit allen lange sprechen müssen wie bei deiner Tumor-Geschichte damals.»

«Ich dachte wirklich, ich hätte einen.»

«Mir ist völlig egal, was du denkst, solange du es uns nicht mitteilst.»

«Aber wir feiern doch, Papa.»

«Uwe, ich möchte, dass du es klarstellst, wie du es beim Tumor getan hast. Du weißt, dass deine Tante damals davon ausgegangen ist, dass du stirbst.»

«Ich ja auch.»

«Es war eine Beule.»

«Ich dachte, es wäre ein Tumor.»

«Uwe, es ist mir wirklich gleichgültig, ob du denkst, du hättest einen pfirsichgroßen Tumor im Nacken. Denk, was immer du denken musst, von mir aus auch, dass deine Frau eine Prostituierte ist oder dass diese Prostituierte deine Frau ist. Ich weiß ja selbst nicht mehr, was ich glauben soll.» Er pustete aus. «Aber schweige darüber, was sich in deinem Kopf abspielt.»

Ich fasste meine Geschichte zusammen, erzählte ihm die wichtigsten Details. Es war keine Tumorstory, kein Kindermärchen, sondern eine Erwachsenengeschichte. Und Rémy Burlington sang dazu: «Wenn die Sonne versinkt, die Canzone erklingt ...» Er sang und sang, und ich erzählte. Rémys Schlusssolo wurde nur von Papas bellender Stimme durchdrungen. Kurzer Beifall.

Er befahl mir, den Mund zu halten, Redeverbot für den Rest des Abends. Und er befahl, *sie* zu entfernen, egal wie, sie müsse verschwinden. Ich sah Papa an. Für einen Augenblick war es völlig still. Ich hörte nur noch, wie Rémy Burlington durchs Mikro sprach: «Merci! Und jetzt eine petit Pause für mich. *Rien ne va plus!* Aber gleich bin ich wieder für Sie da.»

«Halt jetzt den Mund!», schrie Papa. «Wenn du schon eine Hure heiraten musst, dann verschweige es wenigstens. Schweig!»

Ich holte Luft, Papa war nicht zu bremsen.

«Was glaubst du wohl», brüllte Papa und kam ganz nah an mich heran, «was eine kleine Nutte von dir will? Guck dich doch mal an! Wenn du uns nicht jedes Mal allesamt in deine demütigende Scheiße ziehen würdest, Uwe, du würdest mir leidtun, einfach nur aus tiefstem Herzen leidtun.» Die Flipperaugen hatten sich in Stieraugen verwandelt. «Ich lasse nicht zu, dass irgendeine mit Dreckskrankheiten oder weiß ich was infizierte Hure aus einem kümmerlichen Ostblockland ihren sozialen Aufstieg auf den Errungenschaften meiner Familie austrägt. Hast du mich verstanden? Das lasse ich nicht zu!»

Papa machte grunzende «Pah»-Laute wie bei einer Schnappatmung, nur lauthalsiger, drehte sich wutentbrannt von mir weg und warf fuchsteufelswild den Bühnenvorhang zur Seite.

Er stapfte zornig ins Rampenlicht und verharrte erschrocken mitten auf der Bühne. Alle starrten ihn an.

«Worüber soll ich schweigen, Papa?», rief ich ihm durch den Vorhang hindurch zu. «Darüber, dass Malina für 60 Euro dafür gesorgt hat, dass ich einen ganzen Abend aufgehört habe zu denken? Dass zum ersten Mal in meinem Kopf einfach Ruhe war? Ist es nicht das gleiche Gefühl, das ich hatte, als Malina mich überall küsste, sogar zwischen den Hoden, was du hattest, als du mit Mama geschlafen hast? Wart ihr nicht verliebt?» Papa stand noch immer wie angewurzelt im Scheinwerferlicht auf den Brettern, die die Welt bedeuten. «Ihr habt geschwiegen, wenn ihr miteinander geschlafen habt!», rief ich ihm hinter dem Vorhang wuchtig zu. «Ich hab euch zugeschaut durch den Türschlitz, hundertmal! Wehe, Mama hat einmal gestöhnt dabei, dann hast du ‹pscht› gemacht, bei jedem Mucks von ihr. Damit bloß keiner mitkriegt, wie du sie beschläfst. Wenn ich mit Malina rödel, höre ich auf jeden Ton, der aus ihr herauskommt. Und wenn sie anfängt zu schreien, dann schreie ich mit ihr, und dann schreien wir so laut, wie wir können, bis alle es hören. Ja! Wir haben uns lieb! Wir dringen ineinander ein! Und wenn ihr nach Sekunden fertig wart mit dem Stummfilm, bist du ins Bad gerannt und hast dir die Hände gewaschen.» Ich redete wie von allein. Ich schrie: «Endlos bist du am Waschbecken gestanden und hast dir deine Hände geschrubbt, und du hast mehrmals laut ausgespuckt und deine Zähne dreimal drei Minuten geputzt. Danach erst bist du zurück ins Bett, hast das Licht ausgeknipst und Mama den Rücken zugedreht. Aber ich, ich bin verliebt! Seit ich mit Malina geschlafen habe, hab ich mich kein einziges Mal richtig gewaschen. Jeden Abend rieche ich zum Einschlafen an meinen Händen und rieche ich den Geruch ihrer Haut und ihrer Titten und ihre Körpersäfte. Und dann schlafe ich ein wie ein Kind und träume von ihr. Ich träume von einem Haus, einem Hund und Kindern, und im Wohnzimmer sagt ein Papagei unsere Namen: ‹Mauwe›.»

Ich hatte keine Zeit, mich zu erschrecken. Plötzlich sprang Malina auf mich zu, hielt mir den Mund zu und umarmte mich, so fest sie konnte. Ich umgriff ihren Körper mit beiden Armen, atmete in ihre Hand, roch ihr Shampoo, und als ich meinen Kopf in die Höhe streckte, brüllte ich durch ihre Finger hindurch:

«Ich liebe meine Frau. Ich atme Malina, ich trinke Malina und …» Ich riss mich von Malina los, nahm ihre Hand, fegte den Dekoschleier beiseite und zog sie mit auf die Bühne, zu Papa, der noch immer im Scheinwerferlicht stand, sich nicht rührte und auf die 217 Gäste seiner fünfundsechzigsten Geburtstagsfeier starrte, die gebannt aufsahen zur Bühne, zu uns. «Malina hat mir mein Leben gerettet. Schick sie weg. Schick mich weg. Mir doch egal. Hier hast du dein Schweigen.»

Onkel Gotthilf stand zitternd mitten im Ballsaal und applaudierte leise. IHK-Schindeleisen, Ortsvorsteher Kramer, Gerd mit seiner Familie, die Hockeyclubs und alle anderen Gäste sahen, wie ich wieder Malinas Hand nahm und drückte, sie ansah und mit ihr von der Bühne schritt. Nicht schnell, nicht langsam, einfach an meinen schweigenden Garbsener Mitmenschen, den Gesichtern meiner Kindheit vorbei. Richtung Ausgang.

Es war zwei Uhr nachts, als wir an einer Autobahnraststätte hielten. Wir hatten bis dahin kein Wort gesprochen. Malina parkte unseren Punto, den ich bei Avis gemietet hatte, hinter einer Reihe Lkws, aus denen schwach Licht brannte. Sie stieg aus, ohne etwas zu sagen. Sie lief über den Parkplatz, drehte sich um und sah kurz nach mir im Auto. Danach blickte sie in den Wald.

Ich stieg aus, folgte ihr auf Zehenspitzen, und als ich näher kam, hörte ich sie leise auf Rumänisch sprechen – in einem gleichmäßigen Takt, mit schwacher Stimme, als flehte sie jemanden an.

Ich hockte mich neben sie. Die Tankstelle bestrahlte alles mit blauem Licht: die Baumkronen, ihr Gesicht, den Asphalt. Ich glaubte, sie weinte, nicht äußerlich, aber in ihren Worten.

«Du betest für mich?», fragte ich.

Ich sah auf die Autobahn, wo die weißen Lichter in Richtung Garbsen und die roten in Richtung Berlin strömten.

«Dein Vater», sagte sie, «er ist ein Arsch. Das größte Arschloch, das ich kenne. Was er über mich gesagt hat, warum ich dich geheiratet habe ...» – sie sah mir tief in die Augen – «... er hat recht.»

Sie drehte sich von mir weg, wandte sich in Richtung des Waldes. Vorsichtig berührte ich sie. Dieser Moment war gekommen, ich hatte ihn mir ausgemalt, ich hatte die Welt zerfließen sehen. Aber jetzt zerfloss die Welt nicht, sie leuchtete.

«Ich weiß», sagte ich und lächelte, «bin ja nicht doof.»

Die weißen und die roten Lichter, ich ging mit den roten.

## Epilog

Wir vergaßen, die Pizza aus dem Backofen zu holen. Sie war schwarz und duftete wie Stockbrot. Dann warfen wir sie aus dem Fenster. Sie zersprang in tausend Teigstücke. Auf den verkohlten Krumen verteilte sich ein Schwarm Tauben.

«Das ist mein Fenster, Spasti», sagte Thorsten, und ich ging ans andere. Er hatte recht. Aber aus meinem Fenster sah ich dieselbe Stadt wie er.

Draußen flackerten die Straßenlaternen, drinnen die Lichter aus dem Monitor über unseren Gesichtern.

Wir spielten mit einem gemeinsamen Charakter, wechselten uns ab, durchliefen Wüsten und Wälder, sammelten Schwerter und kostbare Münzen ein.

Wir bauten uns eine Sitzlandschaft aus Sesseln, Decken und Kartons, von der wir mit unseren Armen alles erreichten, was wir brauchten.

Als er einschlief, nahm ich Thorstens Gamepad und lief für ihn weiter.

Ich blickte mich in meinem Zimmer um und war froh, wieder zu Hause zu sein. Mamas Geschenk auf meinem Schrank. Heute Abend würde ich es auspacken.

## Bonusmaterial

Das hier war die goilste Szene, die ich im ganzen Buch geschrieben hatte. Ich hab es Thorsten, Radlinger, Marcus, Elena, Janna, Murat, David und allen vorgelesen – die haben sich weggehauen vor Lachen.

Nur die Eulen vom Verlag wieder nicht. Die haben nur schräg gegafft und gelallt: «Nee, Uwe, das ist zu lang, zu lang, zu lang, da kommt der Leser wieder nicht mit» und so. Was ich voll quatschig finde, der Leser kann ja schließlich lesen. Aber die Verlagseulen sind halt komisch.

Ich hab's dann heimlich dem Drucker-Mann vom Verlag gegeben, der am Schluss die Pressmaschine anschmeißt. Er hat einen Gutschein fürs «Jasmin» bekommen. Und deshalb könnt ihr jetzt doch noch die beste Szene vom Buch lesen, die keiner haben wollte.

Aus meiner Zeit als Jugendlicher:

Die Hortkinder hausten an einer Straßenecke gegenüber des Kiosks von Frau Danninger. Es war schwer, an Zeitschriften, Süßwaren oder Wasserpistolen zu kommen, ohne den Danninger aufzusuchen. Als ich sechsundzwanzig oder siebenundzwanzig war, fing das mit den Hortkindern an. Eine neue Generation von Kindern zog in den Hort ein, respektlose, im Dreck wühlende Mistkäfer. Ich sah sie durch die Zaunmaschen, wie sie in der Erde gruben und grunzten. Im nächsten Moment flog ein Erdbrocken von vielleicht fünfzig Zentimeter Durchmesser über den Maschendraht, genau vor meine Füße. Die Hortkinder stellten sich am Zaun auf und tanzten wie wild gewordene Derwische. Ich machte den Fehler und sah sie an. Sie folgten meinem Weg wie eingesperrte Hunde und hinkten absichtlich beim Gehen. Ich hatte gerade Probleme mit der Achillessehne und konnte nicht richtig auftreten, die Kinder ahmten meinen Gang nach und warfen immer neue Erdschollen über den Zaun. Ich wechselte schnell die Straßenseite. Dreckklumpen flogen auf den Asphalt. Es folgten Steine. Ich fing an zu rennen und rettete mich in den Kiosk. Draußen staubte und krachte die Erde. Glücklicherweise schaltete sich dann eine Erzieherin ein.

Aber in den nächsten Wochen und Monaten wurde es nicht besser. Aus den Erdstücken wurden Äste. Aus den Ästen wurden abgesägte Dachlatten. Aus den Dachlatten wurden hölzerne Ostheimer Tiere (ein Löwe traf mich am Knie). Aus den Holztieren wurden Porzellantassen und kleine Eierbecher mit Pelikanköpfen. Ich ging zur Polizei, um Anzeige zu erstatten. Man händigte mir einen Vordruck aus, ich füllte «persönliche Angaben», «Tatort» und «Tatzeit» aus. Das Feld «Tatverdächtiger» musste erst einmal offen bleiben. Keine Ahnung, wie die alle hießen. Am darauffolgenden Tag wagte ich mich zurück an den Zaun des Horts. Die Minityrannen saßen brav in einem Sitzkreis und spielten mit einer Erzieherin «Der Plumpsack geht um». Solang ein Erwachsener dabei war, benahmen sich die kleinen Monster wie die perfekten Streber. Ich zog meine 7-Megapixel-Kamera hervor und fotografierte sämtliche Tatverdächtigen. Ich zoomte ihre Köpfe heran und hielt alle physiognomischen Details digital fest. Dabei entdeckte mich eine Erzieherin und lief auf mich zu. «Ich hätte gern die Namen der Kinder», kam ich ihr zuvor. «Vor allem von den beiden kleinen Jungs hier.» Sie trat näher, blickte mich eindringlich an und plusterte sich auf wie ein balzender Pfau: «Was wollen Sie mit den Namen?» – «Persönliche Zwecke.» – «Haben Sie etwa gerade die Kinder fotografiert?» – «Ja, und zwar jedes einzelne.» – «Wenn Sie nicht sofort verschwinden, rufe ich die Polizei.» Ich war außer mir. Verkehrte Welt! «Um ehrlich zu sein, bin *ich* derjenige, der bei der Polizei war. *Ich* habe Anzeige erstattet. Und wenn Sie mir die Namen nicht sagen, pack ich *Sie* gleich mit unter die Tatverdächtigen. Das ist Vereitelung von Strafverfolgung!» Ich ging, bevor der Pfau den Schnabel aufmachen konnte.

Ein halbes Jahr später kam die Auskunft, dass das Verfahren eingestellt würde. Ohne Begründung. Super, demokratischer Rechtsstaat! Vielen Dank.

Cool, ne?
Euer Uwe

## Dank

So, nochmal Uwe hier. Hi. Jetzt muss ich mich bedanken. Höflich, höflich, höflich. Boring. Aber muss. Okidoki, ich danke hiermit den Leuten, die mir Mut gemacht und sehr geholfen haben mit Inspirations bei immer nur Buch, Buch, Buch, lall ich: Johannes Boss, Janna Nandzik, David Gruschka, Jörg Diernberger, Elena Duppler, Dirk Cordes, Thorsten Henke, Malina Constantinescu, Barbara und Regina vom Club Kindler, Teresa Höhn und ihrem gesamten Freundeskreis, Siegfried Weiß, Björn Brönner, Karin Neuenhofen, Ralf Husmann, Arne Duppler, Henri Q. Ulmen, Josip Simunic, Johannes Radlinger, Collien Fernandes, Murat Kundulu, Marcus und Elena Nasic, Janna Nandoori, David Dance, Patrick Ebert, den Leuten von ulmen.tv, myspass und der ulmen.tv-DVD, Marcus Herrmann, Robert Wilde, der Stadt Berlin, Warner Bros. Deutschlands und Radio Niedersachsen.

Dann danke an Christian Ullmens, weil er für mich dauernd mit dem Verlag telefoniert hat, die sind ja eher schwierig drauf da. Und danke an die *FAZ*, *SZ*, *Spiegel*, *stern*, *Welt*, *Tagesspiegel*, *Cicero* und alle anderen für die supercoolen Buchbesprechungen und Kritiken.

Euer Uwe

»Ein eigenes Hörbuch!
Voll der Becher!«

*Uwe Wöllner*

4 CDs
€ 19,95 / sFr 37,90 UVP
ISBN 978-3-86610-756-4

www.argon-verlag.de

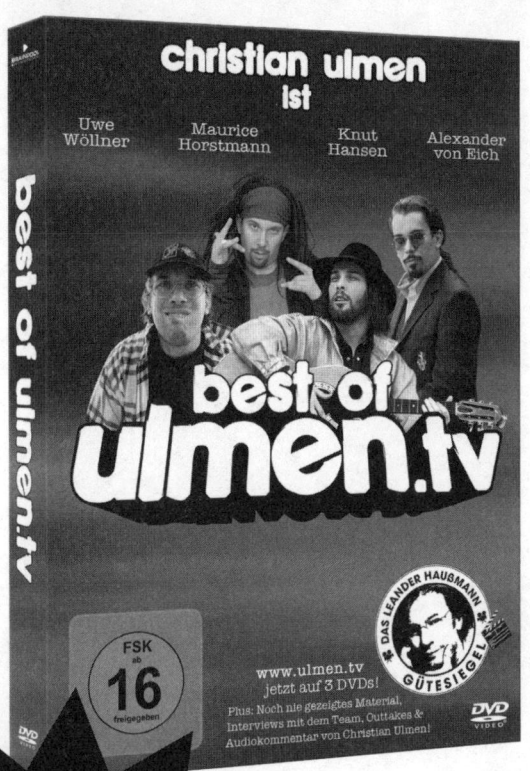